スマナサーラ長老が道元禅師を読む

アルボムッレ・スマナサーラ

佼成出版社

はじめに

わたしのようなテーラワーダ仏教の僧侶が道元禅師について語るという企画は、おそらく日本では初めての試みになると思います。

日本に伝わってからたくさんの宗派に別れた仏教は、まさに「日本仏教」ともいうべきユニークな存在です。それはブッダのもともとの教えとは、ずいぶん乖離《かいり》しているようにも見えます。

けれども、そうした「日本仏教」の文化の中にあって、道元禅師はただ純粋に、実直にまじめにブッダの教えの根本を極めようとされた方だったように思えるのです。

道元禅師は曹洞宗の宗祖とされていますが、禅師には新しい宗派仏教をつくろうという意図はまったくなく、ただひたすらブッダの正法を伝えていきたい、といった思いだけがあったことでしょう。

道元禅師の主著『正法眼蔵《しょうぼうげんぞう》』は、日本で著された哲学書のなかでもたいへんな深遠さを感じさせるものです。けれども、言葉の使い方など難解すぎてわかりにくいところもあります。この本では、その難解至極な道元禅師の言葉を、ブッダの教えに照らして明らかにし、日々の暮らしの支えになるように読み解いていこうと思います。

本書は道元禅師が遺した言葉を「後輩の仏教僧侶」であるわたしなりの視点で読んで、解釈したものです。この解釈こそが正しい、ということを主張するものではありません。それでも、道元禅師の教えに関心を寄せる読者の方々にとって少しでも助けとなるならば幸いです。

本文中に小さい文字で記されている質問や疑問は、編集者の方々から寄せられたものです。それらにわたしが答えて、お互いに対話するようなかたちで道元禅師の言葉を解説してみようと思います。

厖大《ぼうだい》な『正法眼蔵』の全体を論じるのは大変なことです。まずは『正法眼蔵』のエッセンスともいうべき「現成公案《げんじょうこうあん》」の巻の一節を糸口にして語ってまいりましょう。

スマナサーラ長老が道元禅師を読む

目次

＊本書は二〇二三年六月十五日・十六日の両日、東京都渋谷区にある日本テーラワーダ仏教協会「ゴータミー精舎」において行われたアルボムッレ・スマナサーラ長老へのインタビューをもとに製作されました。

カバー画像　『六方礼経』のシンハラ語・シンハラ文字による解説書（国立民族学博物館所蔵）
七十五巻本『正法眼蔵』第一冊「現成公按」巻（曹洞宗乾坤院所蔵）
本文デザイン　有限会社ブルーインク
カバーデザイン　山本太郎

1

仏教そのものを要約したエッセンス

仏道《ぶつどう》をならふといふは、自己をならふなり。
自己をならふといふは、自己をわするるなり。
自己をわするるといふは、万法《まんぼう》に証《しょう》せらるるなり。
万法に証せらるるといふは、自己の身心《しんじん》および他己《たこ》の身心をして脱落《だつらく》せしむるなり。
（『正法眼蔵』現成公案）

現代語訳：仏道をならうというのは、自己をならうことである。自己をならうというのは、自己を忘れることである。自己を忘れるというのは、一切の物事によって自己がなりたっていることがわかるということである。一切の物事によって自己がなりたっていることがわかるというのは、自己の身と心、他人の身と心を、自由の境地にさせることである。

公案とは一般法則（ジェネラル・プリンシパル）

――「現成公案」を読み解いていくわけですが、一般的に「公案」というと、ややこしい問いとか、まったく意味不明なものが多いです。

たとえば、「狗子仏性《くしぶっしょう》」（犬にも仏性があるか）「隻手《せきしゅ》の音声《おんじょう》」（両手を打つと音が出るが、片手にはどんな音があるか）「父母《ぶも》未生《みしょう》以前《いぜん》」（自分はもちろんのこと、父母もまだ生まれない前）のような、何を伝えようとしているのかがわからない。そのようなイメージです。この「現成公案」の「公案」とはどういう意味でしょうか。

道元禅師のいう「現成公案」とは、そうした意味不明な「公案」ではありません。

まず「現成」とは、「現前成就《げんぜんじょうじゅ》」という言葉を縮めた表現で、「**隠れることなく、目の前にありありと現れている（もの）**」という意味です。そして、「公案」とは、**一般法則（ジェネラル・プリンシパル）**という意味で言っているんです。

客観的な事実、真理ということです。たとえば、「地球は自転している」「公転している」とか、そのような一般法則なんです。

また、「**凝縮した公式**」ともいえます。アインシュタインが「相対性原理」を表すと、$E = mc^2$（エネルギーは質量と光速度の二乗の積に等しい）という方程式になりますが、そのようなものです。

つまり「現成公案」とは、「**わたしたちの目の前に現れているものは、そのまま真理を表している**」ということを言っているのです。

――地球は自転していることが客観的な事実だとしても、私たちには実感できません。なにしろ地球の回転速度というのは猛スピード。時速にして約一七〇〇キロメートル。公転速度も時速一一万キロメートルといわれます。私たちの体は地球上にいるのですから、地球の動きと同様にものすごい速度で動いている。でも、そんなことは、事実として実感できることではありませんよね。

私たちには、事実として地球の自転も公転も実感はできません。けれども、実感できないからと言っても、**厳然として事実としてある**。道元禅師が言っているのは、そういう意味での「公案」なんです。

「自己をならう」こと。それでもう十分

さて、本文に入ります。

「仏道をならうというは、自己をならうなり」（現成公案）

これだけでも、**ずばりと仏教の要点**を語っています。

「現成公案」に述べられた一行一行には深い意味があります。しかし、究極的には、**この一行だけで十分**なのです。

「自己をならう」こと。「自己を学ぶ」それだけ。それでもう十分なのです。

そのことで仏教の本質を全部言っているのです。

「自分自身をならうこと」それが仏教なんですね。

では「自己をならう」とはどういうことか——。
このことを本書全体を通して明らかにしていきます。

——「仏道とは、自己をならうことだ」。あるいは、「自己をならうことが仏道だ」ということですね。かなり本質的な結論ですね。いきなりトップギアです。

「自己をならう」。さらにすすめていくと、究極的には**「自己というものはありえない」**。そのことがわかる。これがブッダの教えのエッセンスです。

——私たちは「仏教をならう」というと、お経を読んだり仏教書を読むことをイメージしますが。

一般的にはそのようにして仏教を学ぶと思います。しかし、いくら仏教を学んでも、「自己」というものを学ばなかったら、意味がありません。「自己」を学ばなかったとしたら、まことにもったいないことです。それでは、知識が増えて妄想が肥大化するだけ。

ブッダの教えと乖離《かいり》するばかりなんです。

仏教には厖大《ぼうだい》な教義体系があります。アビダルマ（阿毘達磨《あびだつま》。経蔵、律蔵についての解説書・注釈書）とか「中観《ちゅうがん》」とか「唯識《ゆいしき》」とか難しいものもあります。あるいは仏教の歴史とか、古文書学とか美術史みたいなことも含めて、仏教はたいへんに幅と奥行きがあるので、とても学び甲斐があります。

しかし、もっとも肝心な「自己をならう」ということをしないとしたら、まことにもったいないことなんですね。

仏教をならうとは、究極のところは、「自己をならう」ことに尽きるわけです。

「仏道をならうというは、自己をならうなり」

この道元禅師の言葉は、並大抵の人が言える言葉じゃないんです。仏教そのものを要約したエッセンスなのです。

ポイント

○実感できないといっても、厳然として、事実としてある。それが「公案」。

○「自己をならう」こと。それが仏教の要点。

○「自己をならう」と、究極的には「自己というものはありえない」ことがわかる。

2

人間はもとより奴隷になりたがる

支配者を探し求め、いつも奴隷でいたい

――仏教は宗教のジャンルに入ると思います。現在の世界には、いろいろな宗教があります。それぞれの宗教には、儀式の仕方、拝むかたち、祈りの仕方、教義体系など、いろいろです。それらに共通しているものがあると思いますが、それは何でしょうか。

ここから少し道元禅師から逸《そ》れますが、道元禅師の考え方を理解するのに必要な遠回りなので、しばらくお付き合いください。

まず、仏教は「宗教」や「信仰」ではありません。

――ええっ？　仏教は宗教そのものじゃないんですか。信仰ではないんですか。では、宗教とはいったいなんでしょうか。

私の定義でいうと、**いわゆる「宗教」や「信仰」というものは、何か偉大な存在（神さまや仏さま）を祭り上げて、自らすすんで支配されようとする**ことなんです。言葉をかえれば、**人は何かにいつも依存したい**ということです。

――私たちは不安を抱えているので、何か安心を得たい。「それでいいんだよ」と言ってもらいたい「救われたい」という気持ちがありますね。それが「宗教」や「信仰」を求めるわけですね。

そうです。いわば私たちは、**いつも奴隷であり囚人であろうとする**のです。つねに**主人、支配者を探し求めている**んです。私たちは、Aという主人よりもっといいBという主人がいい、いやCという主人がいい。このように「主人探し」をしてしまうんです。たとい主人は替わっても、つねに「**主人と奴隷という関係性**」は替わりませんよ。

ほんとうのところ、主人は必要ないんです。「どこのだれが偉い。どの教えが特別に尊い」ということもないんです。

――これまで日本では、初期仏教の流れを汲むテーラワーダ仏教を、「小乗仏教」として軽視してきました。ところが長老のような方が日本に来られて、ブッダの教えを伝えてくださっている。これまでの日本仏教には伝えられなかったものです。
すると、「いままでの仏教はまちがっている。テーラワーダ仏教こそが最高だ」と言う人が出てきますね。そうなると、テーラワーダ仏教を主人にしてしまうかもしれません。

わたしが「テーラワーダ仏教こそが最高だ。テーラワーダ仏教はすごいぞ」と勧めてしまうと、同じことが起きるんですね。テーラワーダ仏教が主人になって、みんなはあいかわらず奴隷状態です。そういうありようは、もはやブッダの教えではありません。

――人はなにしろ依存したがります。その依存の対象がブッダであり、ブッダの教えであったりします。

そもそも私たちは「支配してくれる主人を求めて、奴隷になりたい」と思っているのです。だから、ブッダの教えであっても、崇めてしまうようになります。

そもそも**わたしたち人間は、社会から完璧な奴隷制システムを刷り込まれている**んですね。**「自分が解放され自由になったらいけない、悟ったらいけない」と巧妙にかつ微細に刷り込まれているような**ものです。

インストールされたアルゴリズム

——はあ。「完璧な奴隷制システムを刷り込まれている」わけですか……。

その刷り込みは、わたしたちには**逆らうことができないもの、「絶対の法則」**のようにはたらくんですね。それは、人間という存在に、もともとインストールされたアルゴリズム（問題を解決したり目標を達成したりするための計算方法や処理方法）です。あたかも遺伝子の中に入っているようなものなんです。

――逆らうことのできない要素って、私たちはたくさん持っているように思います。

そうですね。たとえば、育ってきた環境、親の教育、文化、歴史、民族、日本人であることなど。さらに、人間であること。わたしたちは、あれやこれやとたくさんまとっています。それは逆らうことができないものです。

人間は本来フリーで生きていけるのに、仕事をしなくちゃ食べていけない。あれもしなくちゃいけない、これもしなくちゃいけないと追いたてられています。

ところが、人間以外にも動物・植物などの生命体がいるでしょう。人間の立場からいうと、花たちは仕事をしない、鳥たちは仕事をしない。命をつなぐために、いろいろ工夫をしていますが、それはすべて自然の流れで起こるものです。

人間は自然の流れに身を任せて生きているのではありませんね。「仕事をする」という、特別な行動をしているのです。これは、身体も精神も自然環境も破壊してしまうややこしい作業になっているんです。

人間だけ、どうしてこんなに苦労して仕事をしなくてはいけないんでしょうか。なんとか楽にしよう、うまく動くようにしようとする度に、この社会は複雑化するばかりです。いろいろシステムをつくりますが、かえって問題は悪化するばかり。だから、ちっとも賢くならないんですね。

宗教をつくるメカニズム
――物事はうまくいかない。自分の思い通りにはいかない。なので、私たちはいつも、心配、心配、心配ばかりしています。

「先のことを考えて心配ばかりする」という人間のありようが、宗教をつくるんですね。

安心を得ようとして、主人を求めるわけです。そして、私たちはいつも奴隷でずっと主人が偉いのです。

これはすべての宗教に通じることです。

たとえばキリスト教です。キリスト教では、人間は絶対に「神という存在」を乗り越えられません。ずっと神が主人、人間は奴隷です。天国に行ったとしても、やはりそこでは神がえらいわけです。

イスラム教にしても同様です。アッラーという神が絶対者として君臨しています。

ユダヤ教はどうでしょう。ユダヤ人たちは、「自分たちは選ばれた民だ」と言います。しかし、どこまでいってもヤハウェという神が永遠に主人です。

このように人間は、**どこまでいっても神に支配された奴隷**なんですね。

――宗教だけではなく、主義とか、いろいろな価値観も主人にしてしまいますね。

宗教とはいえませんが、資本主義や共産主義、あるいは無政府主義のようなイデオロギーにしても、「支配するものと支配されるものの関係」になっているんです。

――ブッダの生まれたインドなどは、どうでしょうか。

インドでは、ヒンドゥー教、あるいはバラモン教においてはたくさんの神々がいますが、つねに人間よりも絶対的に偉いのです。そうして四姓《しせい》制度があり、現世で与えられた役目を全うしなさいというシステムになっています。「生まれたらずっと奴隷でいなさい、農家に生まれたらずっと農業だけやりなさい」という歴史がありました。すでに決まっていたシステムに、無理やり嵌《は》め込まれているのです。

――そうしたなかで、仏教が生まれたわけですね。

ブッダは、主人と奴隷の関係をつくりません。みんな平等です。本来は、ともに道を歩む人たちなんです。

仏教と一口に言っても、ブッダの滅後、八万四千の法門とかとよばれる厖大《ぼうだい》な経典が成立し、大乗仏教や密教が生まれました。仏教を源泉とするたくさんの新興宗教も生まれました。そこで、**やはり仏教もまた信仰の対象となり、「宗教」になってしまったんですね。**

——仏教といってもやはり同じ宗教というジャンルに入るわけですね。

そう言われてみれば、大乗仏教などは、宗教的な色彩が強いですね。大乗仏教には、たくさんの仏や菩薩がいます。大日如来とか阿弥陀如来、観音様あるいはお不動さんとか。みんな自分を超えた偉い存在です。それらを礼拝し、功徳を得ようとします。

その意味では、すすんで奴隷として支配されようとしている。そう言えるのかもしれませんね。

そこで、では本来のブッダの教えは、どういうものなんでしょうか。

本来のブッダの教えは、「信仰」ではありません。信心あるいは信仰を求めるものではありません。要するに、「自分とは何なのか、生きるとは何なのか」、それを自分自身で発見することです。

自分という命を束縛している、ありとあらゆるシステムを乗り越えてみることなんです。そして**それは、「見ること」「知ること」「理解する」ことなんです。**

――では、信仰とはどういうことですか。

「信仰」というものは、**根拠のないものを信ずる**ことなんですね。人は物事が見えていない。だから、信じてしまうのです。**物事が見えた瞬間、信仰はなくなりますよ。**物事が見えたうえで信ずるものは「信仰」とはいえません。むしろ**確信から生まれる「信頼」あるいは「納得」**ということになります。

それこそが、自分を解放する教えなんです。ほんとうの自由を得るためのものです。それは奴隷の教えではありません。**人間にある「奴隷システム」そのものを超えてしまおうとする**のです。それがブッダの教えです。

ブッダの教えをちゃんと実践したならば、私たちは真理に達することができます。真理に達すれば、自分といえる実体は成り立たないことを発見します。自分というアイデンティティが完全に消えたと理解しても構いません。

そもそも自分が奴隷であるという前提で、神（信仰対象）という主人を探していたのです。**自分というアイデンティティが消えたら、支配するもの、支配されるもの、という両方とも消えてしまいます。**

すべてが一つになります。主人と一つになる。自分が主人になるのです。

ほんとうのところ、自分にとっては自分自身が神なのです。支配者です。主人なのです。

そのことがわかれば、それでもう「終了」なんです。

主人探しは自分自身の精神的な問題であったことがわかるのです。

そのことに自分で気づいて、この現実を突破しようというのがブッダの教えです。

本来自由な人間がロボットになっていく

――人は初めから自由な存在として生まれるともいえます。けれども、他に依存しなければ生きていけません。生まれたばかりの赤ちゃんは、親の保護なくしては、死んでしまいます。暖かくくるまれて、おっぱいをもらい、排泄の処理をしてもらいます。その意味では、人は依存することがまずあるように思いますが。

生まれたての赤ちゃんのときは、たしかに親に依存しなくてはなりません。しかし、なにも規制されるものはありません。赤ちゃんはほんとうに自由なものです。眠りたい時に眠り、お腹が空いたら泣く。そうして、何も知りませんね。

やがて成長するにつれて、両親からいろいろなしつけ、教育、縛りを受けます。学校に行くと、さらに縛りを受けます。学校教育そのものが頑張って努力、忍耐して、規則を守ることを教えるシステムになっています。**本来自由な人間がロボットになっていく**

ようなものなのです。

――学校で縛られ、卒業して社会人となれば、さらに縛りがきつくなってきますね。

この社会は、徹底して人を縛ります。会社に入れば、「売上、利益をあげなくちゃいけない。うまく商売するためには、決まりを守らなくちゃならない」。「こうすべきだ」「これぐらいの角度で体を曲げてお辞儀をするんだ」「名刺はこうして渡しなさい」「挨拶はこうしなさい」と、細かく教育・訓練されます。

こうして、本来自由であった人間が、すすんで奴隷の道を歩み続けることになります。やがて鎖に繋《つな》がれて、身動きができないようになるんです。その意味では、人類はしょうがない阿呆の集まり、奴隷たちの集合といっていいのかもしれませんね。

自分で決めようとすると、どうしていいのか分からなくなる

――私たちは、社会の中で快適に暮らすためには、「監視社会システム」に従わなくてはいけないことを教え込まされるわけですね。

そうですね。これはアメリカの話です。

罪を犯して、刑務所に十年とか二十年などの懲役刑を受けた人がいます。刑務所では、すべてが管理され支配されています。何時に起きる。何時に食べる。何時に体を洗う。トイレに行く時でも、看守の言いなりです。朝から寝る時間までプログラムされています。

それでやっと長い刑期を終えて、解放されたとします。懲役刑を終えて出所するとき、いくらかお金をもらいます。もうフリーです、自由なんです。

けれども、何十年も刑務所にいたわけですから、いきなり社会に出ても暮らしていけ

ません。どうしたらいいのかわからない。どこに行けばいいのかわからない。アメリカは、なかなか厳しい社会です。自由になっても、生活してゆくのはたいへんなことです。アメリカには、そうした人に社会復帰、社会に適応させるボランティア組織がありま す。釈放後の一時的住居の提供と就労支援をしています。犯罪に戻らない・戻さない、社会から孤立させずに、立ち直りをみんなで支えるわけです。

そこに行くと、長期にわたって刑務所にいた人は、それまでの暮らしのように、一つ一つ指示を仰ごうとします。

「何時に起きればいいですか?」「トイレに行ってもいいですか?」と。

すると「好きな時間に行けばいいんだよ。ご飯は食べたければ好きな時間に食べて、好きな時間に寝ればいい」と言われて、戸惑うんですね。

——その様子は『ショーシャンクの空に』(スティーブン・キング原作)という映画で見たことがあります。

彼らは長年にわたって刑務所の規律が身についてしまっているのです。監視されて指示される暮らしばかりをしてきたのです。

やっと自由になって、「なんでも自分で決めていい」と言われると、どうしていいのか分からなくなってしまうのです。それで、なかには自殺してしまう人さえもいるのです。

「主人と奴隷というありよう」はつねに変わらない

——人間というのは、自由なようでいて、実は自由ではないんですね。

私たちのメカニズムは、いつも奴隷のようなものです。みんな必死になって、根気よく主人を探し求めているんです。「どの主人がいいのか」といつも悩んでいます。

Aという主人がダメならBという主人を探します。主人がいないと、どうすればいいか、わからなくなってしまうのです。

けれども、いくら主人を替えたとしても、「主人と奴隷というありよう」は変わらないんですね。人間の思考は、最初からそうしたプログラムが組み込まれている。そういうメカニズムになっているわけです。自由を求めていながら、実のところ**外から縛られていたい。鎖につながれて安心していたい**んです。

アメリカの奴隷制度と解放

——主人と奴隷という意味では、アメリカの奴隷制度を思い起こします。

欧米人は、アフリカで普通の暮らしをしていた人々を捕まえて奴隷にしてしまったんです。かれらは鎖でつながれて、人身売買されて強制労働させられてきたのです。とても悲惨なことだと思います。

アメリカ合衆国では、一六四〇年代から一八六五年まで、アフリカ人とその子孫が合法的に奴隷化されていました。かれらの首に鎖をかけ、足に重りを付けて、ムチで打って、最低のものを食べさせ、朝から晩まで働かせました。反抗したりちょっと間違ったら殺したりしました。

奴隷売買だけをみても、欧米の文化というのは、どれほど残酷なものかがわかります。さらには、植民地支配を五百年間も続けてきたんですよ。

西洋やアメリカが「自分たちが民主主義を築いた、平和と人権を護ってきた」と、いくら威張っていても、かつての奴隷制度などを見れば分かるように、ほんとうのところ人権のひとかけらもない世界だったんですよ。

アメリカ合衆国には、最盛期には四百万人もの奴隷がいたのです。アメリカ合衆国大統領のエーブラハム・リンカーンは「奴隷制度は残酷だから、やめよう」と奴隷解放宣言をしました。南北戦争を経て、やっと黒人奴隷たちは解放されました。

けれども、奴隷制度が廃止されたとき、奴隷たちは諸手を挙げて「バンザイ」とは言ってないんです。「たいへんなことになった。どうしようか。自分はこれから何をしたらいいのかわからない」と戸惑った元奴隷の人々も少なくなかったようです。自由のせいで苦しんだ人も多かったんです。

――アメリカの南部では、解放された黒人奴隷は再び小作農として再編されていくことにもなったようですね。

いまでも、黒人が白人の前にいくと、奴隷であった過去の歴史から、自分を卑下してしまうところがあります。またアメリカ人（白人）も、黒人は奴隷であったということで、彼らを軽蔑するところがまだあるんですね。長い間、黒人差別がありました。

わたしはよく思いますよ。地球上の人間の中でいちばんすばらしいのはアフリカ人ではないか、と。あの人たちは、いつも思いきり笑っている。いつも笑って、いつも歌って、すごいリズムで踊っています。どんなに大変な仕事をしていても、いつもリズムをとっている。カッコいいんですよ。黒人が不当に支配されたり、抑圧されたりしていなかったら、いまの世界よりもっとすばらしい世界になったかもしれません。そう思います。

ポイント
○わたしたちはつねに「主人探し」を行い、主人と奴隷の関係は変わらない。
○本来自由であった人間が、奴隷の道を歩み続けている。
○わたしたちは「自分が解放されたらいけない」という奴隷システムを刷り込まれている。

3

「自己をならう」とは自己を解明すること

自分をならえば、すべての経典をよんだことになる

——道元禅師は、若いときに比叡山で修行しました。当時の比叡山では「人はもとより仏である」という本覚《ほんがく》思想が主流でした。道元禅師は「もとより仏ならば、どうして修行しなくてはならないのだろうか」と疑問をいだきました。けれども、その疑問に対してきちんと答えてくれる僧侶はいませんでした。

そこで、この疑問の解決のために、「中国に渡ればなんでもわかっている偉い導師がいるにちがいない」と思って、宋の国に渡ったわけですね。中国の僧堂で、大勢の僧侶たちとともに頑張って修行しました。さいわい如浄禅師という素晴らしい師匠に出会いました。

偉大な師匠に出会ったとしても、手取り足取り、教えてくれるわけではありませんよ。結局のところ、**道元禅師は自分で真理を発見したん**ですね。

それがこの「現成公案」に書かれていることです。

「**仏道とは自己をならうことだ**」と。それはまさにブッダが説かれたことなんです。

仏教には、膨大な経典があります。それらはすべて「自分のこと」を言っているんです。道元禅師はそのことを本当に理解したんですね。

――自分をならえば、すべての経典を読んだことになるわけですか。

そうです。**経典とは、哲学や概念の説明や所作の説明ではなくて、自分の心がどのように現れるのかを説明している**んです。

――たとえば、どういうことでしょうか？

経典には、人間には「貪《とん》」「瞋《しん》」「痴《ち》」という煩悩《ぼんのう》があると説かれています。その煩悩はどのようにして起こるのか。それが詳しく説明されています。

――詳しく教えてください。

ちょっと難しいですが、よく聞いてくださいね。

人間には「**六根**《ろっこん》」（眼耳鼻舌身意《げんにびぜっしんい》）という感覚・知覚器官、および能力があります。

それは世界を識別するツールともいえます。

そして、「六根」が認識する六つの対象「**六境**《ろっきょう》」（色声香味触法《しきしょうこうみそくほう》）があります。


――はい。


「六根」は「六境」に触れると、データを自動的に作成します。その対象に「価値がある、ない」と判断してしまうんです。

「六境」という外部の縁に触れると、**「自分が見た」「自分が聞いた」「自分が味わった」「自分が感じた」「自分が思った」と「自分」というものが立ちあらわれます。**

それが、煩悩をつくり上げるシステムになるわけです。


――なるほど。煩悩をつくり上げるシステムがある、と。

これは経典に出てくる教えです。結局、これは自分自身のことをあらわしています。六根は自分にあり、対象に触れると自分の中に認識が起こり、その結果、貪瞋痴などの汚れも起こる。

すなわち煩悩は外からやってくるものではなくて、自分がつくり上げているわけです。ですから、自分をならうことこそが仏教というわけです。

――もうすこしわかりやすくお願いします。

たとえば、花は花です。美しいも美しくないもありません。ところが、自分が「この花はきれいだ」と認識してしまいます。花はたんなる花なのに、私の目に映ったとき、私がそう認識し価値判断してしまうのです。

ある人を見て、「なんて美人なんだ」と思って欲情するとしたら、想起する「私」というものが問題なわけです。その美しい人の問題ではありませんね。**私だけがつくり上げた世界**なわけです。

――すべての問題は自分にあって、外にあるわけではないってことですね。自分がつくり上げている、それが煩悩であると。

そうです。ところが、わたしたちは「問題が自分にある」とはなかなか気がつかないんです。自分に問題があるとは思いたくない。

美しいかどうか、正しいのか間違っているのか、と対象のほうを問題にしてしまうんです。

目に光が触れる。光には何もデータがない。ただの光でしょう。

しかし、「わたし」というものが、これくらい見えたとか、光ったとか、美しいとか、感受します。それは、それぞれの受けとり方次第です。人がどのように受けとっているのか、どのようなものに価値をおいているのか、バラバラです。それは他人にはわかりません。

このようにして、自分が物事をつくり上げているのです。対象がつくるのではありません。

——なるほど、だから、物事をつくり上げている自分を解明することがたいせつ、ということですね。

ものごとをつくり上げている「自己」をならうのです。**自己をならえば、そこにまったき自由がある。そこに無限の解放がある。それが仏道である。**

そのように道元禅師は言うのです。

自動的に反応して、思考がはたらいてしまう

——自分というものは、自動的に反応するようになっています。「こういうことがあるとこうなる、こうすればこうなる」とメカニックに反応してしまうことは、よくあると感じます。

人は、自動的にアルゴリズム（問題を解決するための手順や計算方法）がはたらくんです。光とか音とか、匂いとか、外の縁に触れた瞬間に、自分の内側から自動的に反応します。そして、自動的に思考がはたらきます。

――**思考というものは、すぐにはたらきますね。それで、頭の中は猛烈に忙しい。いつも何か考えています。**

人はつねに考えています。思考がはたらくことで、へとへとに疲れているんです。しかも、思考がはたらくのはものすごい速さです。光よりは十七倍も速いといわれます。**思考することは、悩みや苦しみを生み出す源になる**んですね。

思考とは、限りなく妄想《もうぞう》（パパンチャ papañca）がはたらくことともいえます。六根（眼耳鼻舌身意）に六境（色声香味触法）から入ってきたデータが捏造《ねつぞう》されて、思考がはたらき、自分だけの世界をつくるわけです。

――哲学者のデカルトは「我思う故に我あり」といいました。「自己をならう」というと、自分についていろいろ思考をはたらかせることだと思ってしまいます。

思考しても自分のことはわかりませんよ。**思考することで、かえって「自己」がわからなくなるんです。**思考のはたらきで、「自分の心を観察する」「自己をならう」ことができなくなるのです。

自分の心を観察するためには、思考はいらないんです。心を観察するためには、できるだけ思考を停止したほうがいいんですね。

たいせつなのは**自分の心の動きを観察すること**です。それが「自己をならう」ということになります。

――思考を停止して、心の動きを観察するってことですね。

自分の心を観察するというのは、**心の構造を明らかにする**ことになります。

まず、そもそも**心というものは、どこにある**でしょうか。

——なんとなく胸のあたりにありそうな気もするし、脳細胞がはたらいているので、脳にあるとも言えるし、難しいです。

心は、脳にはありませんよ。心は体全体にはたらきます。脳は、心がはたらくためのフィールド、あるいはツールなんじゃないでしょうか。

そして心というものには、「はかりしれない力」があるんです。

いまの量子力学では、**心が物質に影響を与える**というところまでは、わかってきています。その人がどのような思い、意思、感情をもっているか。それによって、周りの人々だけではありません。思考は、物や空気とか植物とか地球とか宇宙すべてのものにも影響を与えているわけです。

——心と物質について、とても難しいですが、もうすこし説明をお願いします。

物質は、分子でできています、そして、分子を構成する原子は、電子・陽子・中性子という、より小さな粒子（亜原子粒子）によってつくられています。さらに、陽子と中性子はクォークというより基本的な粒子によってつくられている……と、このように限りなく細分化されていきます。

素粒子には「波（波動）」としての性質と、「粒子（物質）」としての二つの性質があります。また、光や電子は波でもないし粒子でもないと、いろいろな説があります。

ある意味では、**すべての物質は、波動のエネルギーでできている。それを観測する人によって、波にも粒子にもなる。性質が変わる**といえます。**自分の心によって、物質が変わってしまう**ともいえましょう。

そういう意味からも、**心の構造をあきらかにしていくことが、「自己をならう」**ということになるのです。

自分と自分が生きる世界は、自分の心がつくっているのです。人はこれが気に入らないので、自分を助けてくれる救世主を宇宙の中で探しているのです。世界とは、自分の心が捏造した現象です。自分という実感をつくり出すシステムを自分自身で発見しなくてはいけないのです。

ポイント

○経典はすべて自分のことを言っている。

○経典は自分の心がどのように現れるのかを解明している。

○心の構造をあきらかにしていく。それが「自己をならう」ことになる。

4

パーリ経典と「自己をならう」

どんなとき、どういうふうに悟るのか

――禅はインドから中国に渡ったボーディダルマ（達磨大師）によって伝えられたとされていますが、実際のところどうなんでしょうか。

いろいろな説がありますね。「誰が誰から学んだのか」ということを探究していくと、古い歴史的なことだから、限りがありません。そもそもボーディダルマは歴史的に実在した人物かどうか、わかってはいませんね。

――伝説では、ボーディダルマは洞窟の中で坐り続けました。「面壁《めんぺき》九年」と伝えられています。坐り続けることが仏教の伝道になるのでしょうか。

ボーディダルマはただ坐っていただけではありません。自分をならっていたのです。

自己とは何かを探していたのです。

――ブッダは菩提樹のもとで坐って、瞑想して悟りました。私たちも、坐って瞑想していれば悟れるのでしょうか。

ボーディダルマのように坐ってわかる人もいれば、洞窟の中で何十年間も坐っても全然、悟れない人もいます。

十年も二十年も坐ったところで、悟れるのかどうかわかりませんよ。あるいは、瞬時に悟る人もいるのです。必ずしも、「こういう方法で悟れる」という話ではないんです。

――江戸時代の禅僧の白隠《はくいん》という方に、「動中の工夫は静中に勝ること百千億倍」という言葉があります。坐るだけではなくて、暮らしのなかの動きそのものがたいせつと。

はい。どんなとき、どういうふうに悟るのか、それはわからないんです。

悟る場所も、坐禅堂であったり、トイレだったり、洗顔しているときとか、風呂に入っているときか、それはわかりませんよ。

アーナンダ尊者の悟り

パーリ仏典には、アーナンダ（阿難）尊者の体験が書かれているので紹介しましょう。

アーナンダ尊者は、兄弟子のマハーカッサパ（摩訶迦葉）長老から言われました。

「明日、ブッダが説法された言葉をまとめる集い（仏典結集《ぶってんけつじゅう》）があります。参加できるのは、アラハント（阿羅漢）だけです。あなたはまだ悟ってないから、その集いには参加できません。参加するためには、悟る必要があります」

――アーナンダ尊者といえば、ブッダの従兄弟であり、ブッダの十大弟子の一人ですよね。いつもブッダのお供をして、たくさんの説法を聞いて、その内容をよく覚えているので「多聞第一《たもんだいいち》」と呼ばれたほどの方ですね。「自分こそがブッダの教えを伝えなければならない」と思ったことでしょう。その自分が仏典結集に参加できないとは、なんてつらいことでしょう。

いくらブッダの説法をたくさん聞いて覚えていても、悟っていなければ、ブッダの教えを正確に伝えられない。悟っていなければ「仏典結集」には参加できないんです。そのためにこそ、悟らなければいけない。

けれども、猶予は「たった一日」しかないんです。

アーナンダ尊者は悟るために、必死で瞑想しました。ところが瞑想しても瞑想しても、まったく悟る気配すらありません。もう、くたくたに疲れたんです。すでに明け方になっていました。

――それは、ほんとうに疲れきったことでしょうね。眠たくもなるし。

アーナンダ尊者は、もう悟ることは諦めました。手放したんです。

「もう寝よう」

寝床に横たわろうと、身体を傾けたその瞬間です。そこで悟りが起きたんです。

――それでアラハントの悟りを得て、アーナンダ尊者は、仏典結集に参加できたんですね。大乗経典を読むと、かならず経典の最初に「如是我聞《にょぜがもん》」という言葉が出てきます。「私はこのように聞きました」ということですね。その「わたしは聞いた」という「わたし」は、アーナンダ尊者のことですね。

アーナンダ尊者の悟りがあってこそ、ブッダの教えが伝えられたわけです。

そのアーナンダ尊者の悟りの体験について、いろいろ議論があるかもしれません。

必死な瞑想こそが役に立つとか、役に立たないのだとか、努力を放棄して手放した時にこそ悟りが訪れる、とか。
しかし、その瞬間に、アーナンダ尊者に起きたことは誰にもわかりません。そして、そんなことは、私たちにはどうでもいいんです。

しかし、これだけは言えます。
悟るのは「怠け者」と「馬鹿者」には不可能です。
自己とは何かを探すことに必死になる人にしか、悟りは得られないのです。

「自己をならう」とは、自分自身をよく調べてゆくこと

――自己を探さずに、「ブッダは何を言ったのか」「この教えの由来は何か」「この教義は何か」「仏教史はどうなっているのか」ということをいくら学んでも、仏教はわからないということですね。

「自己をならう」ことをしなくてはいけないんです。自己とはまったく関係ないことをいくら学んでも意味がありません。「仏道をならうというは、自己をならうなり」と、はっきり道元禅師が言ったとおりです。

それこそが仏法の本質です。

わたしは、日本に来て初めて道元禅師を読んだとき、「よくぞこういう方がおられて、こういうふうに仏法の本質を言ってくれたものだ」と心から嬉しくなったんですね。

南方にはたくさんのパーリ語の経典があります。大乗仏教の経典とはずいぶんと趣が違います。けれども、仏法の本質である「自己をならう」という内容でもって検索すると、パーリ経典では、たくさんの用例がヒットします。ただ残念ながら、大乗経典の場合は、どんな結果になるかわかりません。

――パーリ経典には、「自己をならう」ことについて書かれているというわけですね。

パーリ経典では、「自己というものはどうやって構成されているのか」が説かれています。たとえば「欲」が自分にどのように現れるのか、「怒り（瞋《しん》）」が自分にどのように現れるのか。その仕組みを詳しく説明しているのです。

こうして、自分で自分自身をよく調べてゆくことが「自己をならう」ことになります。調べてゆけば「ああ、そうか」とわかってくるんです。

仏典は、いまの〈わたし〉に語っている

――パーリ経典といえども、ブッダが当時の衆生に説法したものを、弟子たちが伝えてきたものですよね。それは過去の物語ともいえませんか。

お経というものは、ブッダの教えを弟子たちが伝えてきたものです。たんなる物語で

はありません。実のところ、**いま経典を読んでいる〈わたし〉に語っているんです。いまの〈わたし〉にブッダが伝えているんです。**そのような気概で仏典を読むことです。

「自己をならう」というふうに経典を読める人は、真理がわかるんです。

『ダンマパダ』のたった一つの偈《げ》(gāthā 経典中で詩句の形式をとり、教えを賛嘆したり教理を述べたもの)だけでも、真理がわかるんですよ。

自己をならおうとしないで、「ブッダは、何を考えたのだろうか」「『ダンマパダ』のテーマは何だろうか」とか、さんざん仏教学を研究しても真理はわかりません。

それは、「自己をならう」ことをしないからです。そのような学びは、仏教の本質を外しているから、いくら学んでも徒労なんです。

「信じなさい」ではなく、「このようにやってみなさい」

――ずっと主人を求め続けているのが人間のありようとすると、「あなた自身が主人だ」という教えは、たいへんに革命的なことですね。

仏教を教えられるのは、ほんとうの自由を求める人にこそ、なんです。

こういう説話があります。

あるとき、樹皮衣行者《じゆひえぎようじや》（樹皮や葉っぱで作られた衣を着ている修行者）のバーヒヤはお釈迦様に繰り返し懇願しました。

「尊者よ、いつ亡くなってしまうか、あるいはわたしがいつ死んでしまうか、わかりません。尊者よ、わたしに法をご教示下さい。善逝《ぜんぜい》（お釈迦さまのこと）はわたしに法をご教示下さい。それがわたしの長きにわたる利益と楽のためになるように」と。

釈尊はバーヒヤにこう答えました。

「あなたはこのように学んでください。

『見られたものにおいては、見られたもののみがあるように。聞かれたものにおいては、聞かれたもののみがあるように。考えられたものにおいては、考えられたもののみがあるように。識《し》られたものにおいては、識られたもののみがあるように』と。

『見られたものにおいては、見られたもののみがあるように。聞かれたものにおいては、聞かれたもののみがあるように。考えられたものにおいては、考えられたもののみがあるように。識られたものにおいては、識られたもののみがあるように』という〔学び〕があるならば、あなたはそれにともなって存在しないのです。

それにともなって存在しないならば、あなたは、そこに存在しないのです。そこに存在しないならば、あなたは、この世に、あの世に、両者の中間に存在しないのです。これこそが、苦の終焉《しゅうえん》です」と。（『ウダーナ』一―十「バーヒヤ経」。「光明寺経蔵」サイトの日本語訳を参照し改訳）

ブッダは、「**あなたたちは、自ら歩まなくてはならない。わたしはその道を示すにすぎない**」といいます。

「来て、信じなさい」ではありません。「このようにやってみなさい」と悟りへの道を教えたのです。ブッダは救済するのではなくて、解脱に至る道を示したのです。修行しようという人は、その道を歩めばいいのです。

何十年も説法を聞いて悟らないとしたら、つまりは自分自身をならおうとしないからなのです。

ポイント

○自己を探すことに必死になる人にしか、悟りは得られない。
○経典は〈わたし〉に語っている。〈いまのわたし〉にブッダが伝えている。
○ブッダは「信じなさい」ではなく、「このようにやってみてください」と教える。

5

暮らしの中で自己をならう

どんなときにも「自己をならうこと」はできる

――出家者でない私たちは、家庭があり、子どもの世話をしたり、親の介護をしたり、そして仕事があります。そうした人がほとんどです。とても仏道を歩めそうにないのですが。

子育てしながら、仕事をしながら、家事をしながらでもできます。やるべきことをしながら、自己をならうことができます。

「仏道をならうというは、自己をならうなり」です。

日常の暮らしの中で、誰もがどんなときにも「自己をならうこと」はできます。

特別な場所で特別な修行をしなくてもいいのです。

――そう言われますが、仕事をするのは、たいへんなことです。いい上司ばかりではないし、なかには性格の悪い上司もいます。あれやこれや言われる。いくら仕事しても、評価してくれない。その上司もまた上の上司がいて、そのまた上に上司がいて、管理される。そういう構造になっています。家に帰っても、奥さんから小言を言われます、奥さんにしてみると、家事や育児を分担してくれない、ゴロゴロしていて、と文句を言われます。

たしかに生きるというのは、たいへんなことです。でも、どんな環境にあっても、自己を学ぶことはできるんです。**どこにいても、どんなときにでも「自己をならう」ことはできる**んです。

――では、学ぶポイントはどこでしょうか？

「生きるのは私である」。それだけです。

「自分が生きている。自分が主体である」ということです。「あなたは死んでないよ。生きているんだよ」ということです。

いまちゃんと生きている。死んでないんだったら、物事をどのように受け止めるのか、どう判断するのかは、あなたの自由でしょう。だから、「あなたが、あなたの心を観察してください。自己を学んでください」というのです。

たいせつなのは正直さ

——心を観察するのに、たいせつな要素はなんでしょうか。

それは「**正直さ**」ということです。頭がいいとか悪いということは関係ありません。**求められるのは「正直さ」**なんですね。

——正直というと、文字通り「嘘をつかない」ということでしょうか。

「素直《すなお》」ということもできます。みんなわたしに「正直って何ですか」と聞くんですね。わたしは外国人なので日本語の単語の意味をうまく説明できません。だから『広辞《こうじ》苑《えん》』を引いてください」と言います。でも、いくら言葉をつかまえようとしても、意味がわからなくなるんですね。だからわたしは逆の表現を使いますよ。

支配されるな。犠牲者になるな。自分の偏見にとらわれるな、と。

わたしたちは、人を見たり紹介する時など、いろんなフィルターを介しますね。たとえば、人々はわたしの顔やら衣を見た瞬間、あるイメージをもってしまいます。「あ、お坊さんだ。南方仏教の人だ。スリランカの人だ」と。そう思ったとたん、仏教など何もわからないのに、「ああ、小乗仏教だ」と軽蔑したりする。スリランカという国がどこにあるのかもわからないのに、「きっと文化程度の低い、未開の土地から来たんだ」とか思ってしまう。そういった基準は、自分がつくっているんですね。

——人を紹介する時に、肩書とか何をしているのかということを言いますね。「この人は医者です」「カウンセラーです」「大工さんです」「どこそこの社長です」とか。

わたしは人を紹介されたとき、その内容など聞かないんですよ。それはわたしの態度が大きいってことではなくて、肩書とか仕事とか、どこに住んでいるとか、どこで生まれたとか、わたしにはまったく興味がないんです。どこに住んでいて、どんな仕事をしていて、男だとか女だとか、若いとかお年寄りだとか、そんなことはまったく関係ないんです。

人間としてみんな同じでしょう。同じ悩み、苦しみがあるでしょう。

——どんな信仰を持っていても関係ない。

まったく関係ありませんね。ここから新宿に行く場合は、あなたもわたしも同じ電車をつかっているでしょう。キリスト教徒だからもうちょっと割引しましょうとか、仏教徒はこれくらいだとか、外国人は割高だとか、そんなことはありえないでしょう。

信徒じゃないから教会に行けないということはありません。そこが心地《ここち》よければどんな宗教施設に行ってもいいんですね。友達がたくさんいれば、そこに行って歌って、遊んで帰ればいいわけです。

大事なのは、支配されるようになってはいけないということです。

義務として、「行かなくてはならない」ということになると、それは支配され、束縛されているわけです。宗教は楽しければ、それはそれでいいといえます。楽しいと思える人は支配されていないんですね。

すべては毎瞬毎瞬変わる

――いまの日本は先行き不安ばかりです。自信を失い、ものすごく閉塞的になっています。暗い

人がどんどん増えていきます。ダメになっていく感じをみんな持っているんですね。どうしたらいいのでしょうか？　どんどん坂道を転がるような感じがあります。

わたしは、小さいころ親たちからよく言われましたよ。「お前たちは怠け者だ。日本人を見習いなさい。日本人というのはいつも働いているんだよ。手洗いにいっても編み物で何か縫っているほどだ。そうやって、アジアで第一の国になったんだ」と。

その勤勉な日本人はどこで止まってしまったんですかね。いつから化石になってしまったんですかね。

しかし、これを解決することは、簡単なことなんです。

――ええっ？　どういうことでしょうか。

こう思うことです。**世界は毎日毎日変わる。変わる。世界は、毎日毎日違う。世界は、**

瞬間瞬間、変わる。

変わっていく現実に対して、わたしはどうすればいいかと悩んでも仕方がないんです。大きな地震が起きて津波がくるとしたら、もう一目散に逃げるしかない。津波が来るのに、何もかも捨てて逃げなかったら、津波に巻き込まれてしまいます。

水に浮かんだボートは波が来れば揺れますね。それに乗っていれば、ボートに合わせて体も揺れるでしょう。**揺れるのにまかせるしかない**んです。一緒に揺れなかったら水の中に落ちるか、ボートが転覆するかでしょうね。

まあ、私のような年齢になってきたら、あんまり先がない。だから揺れなくてもいいともいえますが。それはそれで、どんどんフリーになっているので結構なことなんです。

とにかく瞬間瞬間、世界は変わる。状況は変わるんです。
そのことが本当にわかるかどうかです。

――なにしろみんな先行き不安でいっぱいです。昼も不安で夜も不安。いつも不安。

不安なのは、そもそも安定を求めているからです。

「安定はない」と腹をきめることです。

安定した会社、安定した商売、安定した家族。そんなものはないんです。時計がいつもちゃんと動いていたとしても、ずっとそのまま安定して動くわけはないのです。いつか止まることもあります。すべては瞬間瞬間、変わるのです。

すべては思うようにならない

――現実は、結婚して子どもが生まれて子育てがあり、なかなか思うようにはならない世界ですね。

若い人は希望にあふれて結婚するでしょう。結婚したら安定すると思っています。しかし、決してそうはなりませんよ。**すべてが思うようにはならない**んです。

結婚したら、毎日相手の機嫌をとらなくちゃいけなくなるんですよ。子育てなど、たいへんです。奥さんも前と違って、怖くなりますよ。

日本の社会では、奥さんに「ありがとう」と一言もいわないでしょう。褒めないでしょう。「うちの家内だから。女房だから」と。奥さんは奴隷じゃないんですよ。人間でしょう。同じ人間だったら平等です。互いに思いやりと礼節がなければいけません。女性のほうは男性よりもいくらか我慢していますけどね。結婚十年目になって、何かちょっとした失敗で亀裂が入る。ガラスのように割れることだってあります。

毎日不安。この世界は、無常です。安定などないのです。

安定などないと思っていないと、幸せにはなりません。

これから世界がどう変わるのか、まったくわかりません。

会社がいつまでも順調だと思ったら、大間違いなんです。

ロシアから侵略を受けて、ウクライナ国内ではまだ戦争をやっています。いつ終わるのかわかりません。多くのウクライナ人やロシア人が殺されているだけでなく、世界中が戦争の影響を受けています。

ガソリン価格は上がる、電気やガス代も上がる。物価高騰、エネルギー不足、食糧不足も起きるでしょう。ウクライナは、大穀倉地帯で世界に小麦を供給していたんですからね。そこが戦争になれば、小麦が不足するのは目に見えています。

戦争というのは、もともとは他人の土地を奪うためにやってきたことでしょう。伝統的な戦争は領土を奪うためでした。本来なら、国を代表するリーダーたちが、「もう、この戦争やめよう。国民が苦しんでいるし、お互いにダメージが大きい」と話し合ったら、戦争は終わる話なんですけどね。

――イスラエルとパレスチナも戦争状態ですし、世界で戦争がなくなるということはありませんね。日本だっていつか戦争に巻き込まれるようになるのかもしれません。

私たちはいつも「安定したい、安定したい」という心でいるんですね。「備えあれば憂いなし」ということわざがありますが、いくらどんなに事前に準備しても、その時になって事態はどうなるのかわからないのです。

すべては安定しない。だから、変わることに対応するしかないんです。

人生は卓球のようなものと思うべし

人生は、卓球みたいなものだと思ったらどうですか。

卓球は機敏な動きが必要です。球はどこから飛んでくるかわかりません。打ち返しても、思わぬ方向に球が打ち返されます。相手の動きがわからない、先が読めないんです。

いまの日本の社会は、卓球の試合をしているのに一か所に突っ立って、「こういう角度で球がきたら、こういうふうに打ち返すぞ」と考えて、じっとラケットを構えているようなものです。

――そんなことでは、球を打ち返せるわけがないですね。

そうでしょう。まったく試合になりません。ただ、世界の動きは卓球ほど速くはないんです。だいたい読めるぐらいの速さで変化しています。そろそろ物価が上がるんだとか、食糧はもうなくなるとか、だいたい読めるんです。

だから準備する時間はあるんです。にもかかわらず、準備できないで固まってしまっている。それでいて、「安定」がほしいといいます。現実に変化があるのに、変化はないと錯覚していたいんでしょうか。

神にお祈りする。五穀豊穣《ごこくほうじょう》でありますように。無病息災、商売繁盛、家内安全とか加持祈禱してもらう。そんなことをしても、現実が変わるわけがないんです。

地球が自転することに逆らうことはできません。自分自身がそれに合わせるしかありません。自分を調整するんです。

人生は、予想できないことばかりが起こる。そう思ったらいいんです。そして、いずれこの肉体は滅びるんです。世界だって、いつか終わりがきます。そのように見据えることです。

ポイント

○日常の暮らしの中で、どんなときにも「自己をならうこと」はできる。

○心を観察するのに、たいせつなのは「正直さ」。

○世界は、毎日毎日違う。世界は、瞬間瞬間、変わる。人生は卓球だと思うこと。

6

自己を忘れる　万法に証せられる

仏道をならふといふは、自己をならふなり。
自己をならふといふは、自己をわするるなり。
自己をわするるといふは、万法《まんぼう》に証《しょう》せらるるなり。
万法に証せらるるといふは、自己の身心《しんじん》および他己《たこ》の身心をして脱落《だつらく》せしむるなり。

（『正法眼蔵』現成公案）

自己をわすれる

――道元禅師自身は、「宗派」を興すといった気持ちはまったくなかったんでしょうか。

そもそも仏教というのは、宗派じゃないんです。大乗とか小乗とか顕教《けんぎょう》とか密教とかではない。

道元禅師の目標は宗派を興すことではありませんでした。**道元禅師にとっての仏教とは「自己をならうこと」**なんです。

「現成公案」の一行一行には厖大な意味があるのですが、**「自己をならう」ということの一行だけで十分です。それだけです。そこで全部、言っているんです。**

――道元禅師は「自己をならう」の次に、「自己をならうとは、自己をわするるなり」と述べています。そのあたりが、とても難しいですね。

自己をならったところで、「自己は成り立たない」と発見するんです。

いままで奴隷のようなあり方で、ものすごく苦しんだでしょう。自己をならったら、自分が楽になった。そこで終わりかというと、まだあるのです。

自分が楽になった。自分の身心が脱落した。

しかし、まだそこに「自分」がいるでしょう。

自分がいるから、その分、楽じゃないんです。

自己をならっていくと、「え？　自分というのは幻覚なんだ。じつは自分とは何もないんだ」とわかる。

――忘れるということは、自分が消えた、なくなってしまったということですか？

消えるのは、「自己」「自分という気持ち」です。しかし、体も心もあります。「自己」というものは、いったいなんでしょうか。

「自己」「自分という気持ち」が体と心をまとめているんです。
その「自己」がなくなってしまう。
自己が消えてしまうんです。

「自己をわするるなり」とは、その解脱の境地を語っているのです。

そして、「自己」がない人の言葉はとてもシンプルで明晰、直截的《ちょくせつてき》でわかりやすいんです。

自己をわすれた人には、森羅万象の生滅変化があるだけ

――そして、「自己をわするるというは、万法に証せらるるなり」と続きます。

ここで道元禅師は、解脱の境地を語っているんです。

すごい高度な提言（提唱）なんです。

すべての問題は「自分がいる」というところにあります。日本は壊れかけているとか、いろいろ社会問題があるといっても、それが問題なのはすべて「自分がいる」からでしょう。

自分ではなく宇宙の立場から見てみたらどうですか。地球から約二百五十万光年の距離に位置するアンドロメダ銀河から見てみる。そうしたら、そんな問題など、どうってことないでしょう。

すべての原因は「自分がいる」ということだから、自己を忘れたら、自分の探究（探検）は成功したのです。

現象は、「原因と結果の法則」によって現れては消える、現れては消えるを繰り返すのです。それは物質世界にあっては、ずっと流れているようなものでしょう。けっして止まることはありません。

宇宙的なレベルで見たら、自分は宇宙とは別のものではありませんね。自分は森羅万象そのもの。それは「原因と結果の法則」によって同じようにずっと流れて変化しているわけでしょう。

自己をわすれた人にとっては、そこにはもう森羅万象の生滅変化があるだけです。自分が消えているんです。

「消えている」ということは、自分が消えているってことさえもわからないのです。消えていると感じる自分がいないわけですから、究極的な体験なのです。

心があると思うと、ある。心がないと思うと、ない

この宇宙に素粒子があるかないか。それは心が決めるんですね。

量子力学の世界で言っているように、素粒子は波か粒子か。いや波でも粒子でもない。いろいろな論議があります。

波だとしたら、それは時空を超えていて、過去も現在も未来も成り立たないんです。

命を分解して解明することは、量子力学の管轄《かんかつ》ではありません。仏教は、命のありさまを分解して解明するのです。

存在とは、波とか粒子とかの物質世界と関係ないところで、心というものに管理されているのです。心も、「ある」「なし」に関係なく、量子力学で説明しているような「はたらき」なのです。

だから、**心が「ある」と思うと「ある」。心が「ない」と思うと「ない」**。そういう世界なのです。

――宇宙は膨張しつづけている。宇宙は光の速度よりも速く膨張している。宇宙は静止している。宇宙は収縮している。いろいろな説がありますね。

それらは、**人間の主観で計算しているんです。真実は、どちらでもない**のです。

宇宙に「果て」があるかないか。それも同様です。

宇宙には「果て」があると思ったら「果て」があるのです。宇宙には「果て」がないと思ったら、「果て」がないのです。**自分の心が決めているのです**。

それぞれの科学者たちが存在について、波動とか粒子とか、自分が観察する立場に基づいて語っています。心のありさまは、宇宙の物質の範囲の世界ではないのです。

われわれが語る宇宙論も、結局は**心が認識する世界**なのです。

――悟りの境地に達して、自己・自分といえる実体は成り立たないことを発見した人は、「世間・世界」をどのように認識しているのでしょうか。

悟りの境地に達した人は、森羅万象のすべてに認識がはたらいていても、そこには自己はないんですね。

「わたし」が脱落したら、すべて身心脱落になっている

――道元禅師は「身心脱落《しんじんだつらく》」と言っていますね。そこを詳しくお願いします。

そもそも「自己」がないことがわかる。それが「身心脱落」なんです。

初期仏教では、人間存在というものをナーマ（nāma 名）とルーパ（rūpa 色）に分けています。「ナーマ」は心理的要素、「ルーパ」は身体的要素。ナーマとルーパは互いに依存関係にあり、切り離すことはできないんです。

心というエネルギーが波としてはたらきます。物質も個体としてではなく、波としてはたらくのです。生命とは、この二つの波が絡み合って活動することです。

「身心脱落」の「身」というのは物質的な存在。「心」は心のこと。人間（宇宙）という存在はその二つで構成されていますね。

そうして、すべてのものは無限に展開するんです。諸行無常です。

この世界には、だれか偉そうな主宰者がいるということは成り立たない。永遠なるものは成り立たないのです。永遠で不滅な実在はないんです。

――それで、「身心脱落」ということになるんですね。

「脱落」とは、これはまだ道元禅師が引っかかっていたポイントなんですね。脱落の意味を説明しようとすると難しいのですが、初期仏教の言葉を使うとわかりやすくなります。

それは**「執着」を捨てる**ことです。

まず執着するためには、「自己」という概念を想定しなくてはいけないのです。**自己が成り立たないと発見すると、執着も成り立たなくなります**。これが「脱落」という表現になっているのです。

「身心脱落しなさい」と言われても、ふつうの認識範囲で考えてできるものじゃないんです。

――しかし、「自分」というものが、まだいる。まだ「自分がいる、ある」のだから、「脱落」はありえないということですね。

そうです。「自分がいるということは幻覚だ」とわかったら、もう「脱落」になっているんです。

私が脱落したら、私だけではなくて、すべてが脱落しているんです。

私というものが存在しない場合は、他人も存在しないでしょう。

道元禅師はそのことを言っています。

「**自己の身心および他己の身心をして脱落せしむるなり**」と。

――師の如浄禅師は、道元禅師に向かって「脱落、脱落」と言いました（『永平寺三祖行業記』）。

「私」というものが存在しないのであれば、「脱落」は起こるべきことなんです。

それで如浄禅師が、この人は「そこまでわかった」と知りました。それで、道元禅師に向かって「脱落、脱落」と言ったのです。
しかし、「脱落」とはなんなのか、それが道元禅師にはわからなかったんですね。
それは、言葉ではとうてい語れない世界なんです。
要するに**「脱落した」ということすら消える**のです。
これはもう、それ以上は語れないでしょう。言葉にはできません。

ポイント

○「自己」をわすれた人にとっては、森羅万象の生滅変化があるだけ。
○「自己」をわすれたら、自分の探究（探検）は成功。
○私が脱落したら、私だけではなくて、すべて脱落になっている。

7

「自己」を入れない暮らしをする

すべてに「自分」を入れない生き方をしてみる

――これまで、とても深遠なことが述べられていると思います。けれども、そうしたことが日常生活で役に立つのでしょうか。

すごい真理ですからね。暮らしの中で、確実に役に立ちますよ。
自我がないということだけで、もう現実に役に立ちます。
片づけの仕方ひとつとっても、自我を入れないとうまくいくのです。

――たとえば、どういうことですか？

たとえを挙げてみましょう。
なにかを動かす時、「この物が、どこに置かれたいか」「このコップはどこに置かれたいと思っているのだろうか」と、物の気持ちになって動かしてみるのです。

「自分が」物を片づけようとするのではありません。

主語は自分ではなくて、物です。

この椅子はどこに置かれたいと思っているのだろうか。

このボールペンは、どこに置かれたいと思っているだろうか。

すべての物を、そのような思いで動かしてみるんです。

そうすると、不思議なことに、じつにスムースにきれいに片づくのです。


――なるほど。すると、自分の身体の動きでも、そのように観ることができそうですね。


自分の体の動きでも試してみてください。自分が自分の体を動かしているわけですが、動かすのは自分ではなく、「体が動かしている」と思ってみるのです。

「自分」が主語ではなくて「体」が主語です。

「自分の足がどう動きたいのか」と、足が動かしたいように動いてみる。「自分」が主語ではなくて「足」が主語です。

「手がどう動きたいのか」と。手の動きに沿ってみる。「自分」が主語ではなくて「手」が主語です。

そうやって生きていくと、ずいぶんと、日常の暮らしは楽になります。

それが、暮らしのなかで自己をならう実践、修行になるのです。


自分がどう思うか。自分がどうなりたいか。

そこをできるだけ捨ててみる。


料理にたとえてみましょう。「私が晩ご飯をつくらなくてはいけない」というと、ストレスになりますね。そうではなくて、「私」を主語にしないのです。

たとえば、これから「晩ご飯がつくります」と。ちょっとヘンな日本語に聞こえると思いますが。

主語が「晩ご飯」ですね。「私」が主語ではない。そうなったら、あとは物事を組み合わせるだけでしょう。

――料理をつくる時、普通はつくった人は「おいしいとみんなに感じてほしい」と思いますよね。

そういう思いを外していくのです。自分を入れないでつくってみるのです。食べる人たちが「うまい」とか「おいしくない」とか言ったとしても、こちらは関係ないんです。

ごはんを炊く時。「お米さま」――わたしは「さま」という単語を入れるんですよ。「お米さま」がどうあればいいかな。「お米さま」が「ご飯さま」になるにはどうなればいいかな。米をとりだして水をいれて研《と》いで炊く。「ああ、ご飯さまがよくできている」。それだけなんです。

「わたしはちょっと固めのほうがいい」「もうちょっと柔らかいほうがいい」とか、いろいろな人がいるでしょう。「美味しいと思ってもらいたい。嫌な思いをもたれたくないようにしたい」と思うと、「わたし」が入っている。そこにストレスがたまります。

なんと言われようとどうでもいいのです。「ああ、そう？」それでおしまいなんです。

これは「なげやりにつくれ」というのではありません。

お米が、野菜が、食材たちが、「どのようにあってほしいか」を中心につくっていくのです。

そうすると、自然と美味しい料理ができていくのです。


――何かこぼしたり、ひっくり返したりしてパニックになることもあります。


子どもがカップを持ってくるとき、牛乳をこぼしてしまった。カーペットを汚してしまった。

「あ、こぼしてしまった。これはたいへん。はやく拭かなくちゃ。はやく。はやく」

すこしパニックになりますね。普通はそうなります。

「何でこんなことになっちゃったんだ！　ああ、いつもそうだ」

いちいちそこで、後悔したり、怒ったり、がっかりすることでしょう。

それは、自我を入れているからなんですね。


時間の軸でいうと、まず原因があって、次に結果が起きたということです。

原因はすでにつくってしまったんだから、結果はかならず起きます。

結果を起こす原因はもう終わった。だから、もうどうしようもないんです。


――で、問題は次のステップですよね。


そこからは、自分で管理できるのです。

わたしはそういうときに、こぼしてしまった人にこう言います。

「ちょっと待ってください。これは学びのチャンスですよ」

そこでカーペットの汚れを落とす方法を、子どもたちに教えてあげられるんですね。

ティッシュを濡らしてポンポンと叩く。「もうちょっと待ってください。はい。みてください」。これでとてもうまくいくんです。すごくきれいになっている。

いらだったり、パニックになれば、さらに問題を増やし、すでに不愉快な状況をいっそう深刻なものにしてしまいます。

「なんとかしよう。なんとかしなくては」という世界ではないんです。**その時、その場で物事を組み立てていくだけ**でいいんです。自我が入ってないと、それが可能なのです。

座布団と対話してみましたか

——以前、テーラワーダ仏教協会の機関誌（『パティパダー』）で、子どもたちの体験出家の感想文を読みました。長老から「座布団と対話してみましたか」と問われたことで、学びになったと書いてあったのが印象的でした。

子どもたちの体験出家の合宿ですね。そこでは、お経を読むこと、瞑想すること、歩くこと、片づけをすること、すべての所作が仏道修行になります。

片づけもたいせつなことです。子どもだから、いい加減にぱぱぱっとやってしまいます。座布団など不揃いになっていました。

そこで、片づけるときのポイントを言ってあげました。

「座布団と対話しましたか。座布団がどの位置に置かれたいと思っているでしょうか」

子どもたちは素直にそれをやりました。

するとたいへん見事に整頓してしまったんですね。私が褒めなくても子どもたち自身が喜んでいます。「どうですか、見てください」と。

――長老はそれで、ほめてあげたわけですか。

いいえ、子どもたちは自分で勝手に喜んでいるので、別にわたしは「よくできました」とは言いません。自分たちが頑張って、自分が喜びの世界で満足しているんですからね。そこに評価は必要ありません。

これが普通の社会だったら「ちゃんとやりなさい。しっかり片づけなさい」となりますね。すると「ああ、うるさいな」と思いながら整頓する。

叱られるし、仕方がない。みんながやっているからやらなくてはいけない。やればやったで、評価がほしい。評価されないと、怒りが出てくる。そういう世界で私たちは生きています。

「自分」を入れないと何をやってもうまくいく

ポイントは、すべてに「自分」を入れないことなんです。そしたら、すべてがうまくいきます。

そうなると、他人の評価を求めなくなります。自分で自分に満足しているからです。

何が起きてもオッケー。自我や思いを入れず、起きたら起きたとおり。どんな結果になっても、もう全部の結果がオッケーなんです。プロセスと結果に対処するだけなのですから。

「自分の思うようにしたい」「相手に気に入られたい」「嫌だと思われたくない」というのは、自分の主観です。自我です。

自分を入れると、相手が反応します。そうすると、こんどは自分の反応を引き起こします。

そういうことがえんえんと続いて、争いになるんです。戦争にしても、そうした自我の行き着く先に起きることです。

いってみればこの日常生活そのもの、起きることはすべてが自作自演なのです。

宇宙の中の一員である自分には、起こることは起こるのです。物事はなるようになっているのです。

そして、**起きてしまったことはもう仕方がない。**過去には戻れません。

だから、次のステップでは、**自我を入れないで淡々とやるだけ**のことです。そうしたら、すべてうまくいくのです。

――**自我を入れないで淡々とやるだけ、なるほど。**

そのようにして、この日常を生きてみてください。

そうすると、何をやっても抜群に明るい世界が現れるんです。明るくニコニコと生きている人間が現れます。

これは宗教の世界じゃないんですよ。「偉大な存在」を祭り上げたり、それに依存する意味での宗教は必要ありません。

元気になるため、あるいは安らぎを得るためのポイントは、自我を外していくところにあるのです。

人は、「自分」を入れないで対処すればいいということがわかったら、もうすでに立派に成長しています。
これまで抱えていた、たくさんの問題は瞬時に消えてしまいます。トラブルも起きません。「社会でどう生きるか」も関係ない。「上司に評価してもらおう」ということも関係ない。年をとって体が動かなくなっても関係ない。「死んだらどうしよう」ということも関係ないのです。

「自分がいる」と感じたら修行する

――私など、いま仕事と家庭があって無理ですが、「いつか時期が来たら、縁があったら修行しよう」と思っています。

それはアテにならない話なんです。そういう人は、よき師匠に出会ったとしても、

「いまはまだ時期じゃないから」「仕事があるから」「妻子がいるから」「時間がないから」とか、いろいろ言い訳をつくって、先延ばしをしようとします。

修行するのは、「いま」なんです。
「条件が揃うまで待ちましょう」じゃないんです。

道元禅師はこう言っています。

「或《あるい》は父母の為、或は師匠の為とて、無益の事を行じて徒《いたず》らに時を失ひて、諸道にすぐれたる仏道をさしをきて、空しく光陰を過すことなかれ」（父母のため、師匠のためといって、無益の事を行じて徒らに時を失って、すぐれた仏道をさしおいて、空しく光陰を過ごしてはならない）、

「学道の人は後日をまちて行道せんと思ふことなかれ」（学道の人はいつか修行しようと思ってはならない）（『正法眼蔵随聞記』）と。

仏道とは、道元禅師の言葉で言うならば「自己をならうこと」でしょう。

本来は自己というものがない。いま自己というものがない。

けれども、いまの自分は「いる」でしょう。「いる」と感じているでしょう。だったら「いま」修行するのです。

――そう言われても、なかなか「いまから修行するぞ」とはなれないんですね。

人は「修行するためには、それなりの条件をつくって徳を積んで」とか、いろいろ理由を言うんですよ。冷たいようですけど「あなたはまだまだ」と言うしかない。仏道を修行することを、宗教的な改宗のように思ってはいけないんです。ただ興味あるかないかとか、「一つやってみましょう」とか、その程度でもいいのです。

わたしは、「これやってください」と何か頼まれるとき、「あとでやります」と言います。そう言ったら、絶対やらないんですよ（笑）。だれだって「あとでやります」と言うのは、いまはやりたくないってことでしょう。「これ読んでみてください」と言われて、もらった瞬間に読まなくてはと思ったら、すぐ読みますよ。「あとで読んでみます」というとき、やっぱり読まなかったほうが多いんです。

人は感情が指令することを早くやりたい。やることができなくなると、瞬時にイライラします。いまやりたくないという感情があって、その時、別の感情が「これをやりなさい」と言ってくる。それで苛立ちも現れるんです。心にはそういう法則があります。

悟りのイメージを追うのではなく、苦を実感する

――わたしたちは修行について自分のイメージをもっているんですね。自分の描くイメージの実現のために修行する、ということなのかもしれません。

それはあります。修行にネガティブなイメージをもつ人もいます。修行に入れば、世間的な喜びがなくなってしまう。酒を呑むこともなくなってしまう。あれこれとやって

はいけないことばかりになって、人生はつまらなくなる。

修行とは、森の中に暮らす仙人のような暮らしだというイメージをつくってしまうと、現代の社会ではあり得ないことだから、いまはやっぱり時期じゃない、いつか将来、やりましょうとなってしまう。


修行したら、それなりに神通力が現れるかもしれない。何でもわかってくるかもしれない。人々がなにを企んでいるのかわかる。これをやったら、うまいことといく。これは儲かるぞ。そんなイメージをもつ人もいるかもしれません。「ぜひ修行させてください。瞑想を教えてください」と言う人は多いんです。

でもみんな、めざすものは自分が作った悟りのイメージなんです。

修行においてたいせつなことは、そのような悟りのイメージに向かって進むことではありません。


自分はいま何に引っかかっているのか。

自分の人生の束縛は何なのか。
自分がどのようにして落ち込むのか。
そうした自分の苦を実感することです。

その場合は、具体的に教えることができます。そうすると、悟りへの道はすごくはやいんです。やがて苦しみから解放されます。

ポイント
○暮らしの中で、物の気持ちになって動かしてみる。
○「私」を主語にしない。
○悟りのイメージに向かって進むのではなく、自分の苦を実感する。

8

瞬間瞬間に生きる

たき木《ぎ》（薪）、はい（灰）となる、さらにかへりてたき木となるべきにあらず。しかあるを、灰はのち、薪はさきと見取《けんしゅ》すべからず。しるべし、薪は薪の法位《ほうい》に住《じゅう》して、さきありのちあり。前後《ぜんご》ありといへども、前後際断《ぜんごさいだん》せり。灰は灰の法位にありて、のちありさきあり。（『正法眼蔵』現成公案）

現代語訳：薪は灰となる。燃えて灰になったらもとの薪とはならない。だからといって、灰は後、薪は先と見るべきではない。薪は薪として先があり後がある。前後はあるが、その前後は断ち切れている。灰は灰としてそれ自体をまっとうしており、後があり先がある。

薪は薪。灰は灰。先もあともない

――「現成公案」に「前後際断《ぜんごさいだん》」という文があります。ここのところを教えてください。

薪《たきぎ》は燃えれば灰となる。時間の流れではそうなりますね。ところが、そんなことはないと道元禅師は言うのです。薪は薪。灰は灰だというのです。

先もあともない。薪は薪としてある、灰は灰としてあると言うのです。

一読して、とてもわかりにくいですね。禅は、真理の世界から全部をまとめて語るからなんですね。日常生活の言葉など使わないんです。

薪は薪でもう完結していて、灰は灰でもう完結していて、そこに前後関係はない。あらゆることは瞬間、瞬間で完結した現象である――そのように見るということですね。すべてまとめて真理です。

――難しいですね。もうすこしわかりやすく説明をお願いします。

これは時間の軸では説明するのは難しいですね。

たとえば、円盤があるとしますよ。円盤を回す。永遠に回っているんです。円盤の正しい位置はどちらですか。上下左右、ちゃんとした位置は？

この円盤に時計の文字盤みたいに1、2、3、4と12まで書いて、ゆっくりまわして12になったら、新しくなりますね。

すると、1から12までの数字は、どちらが上でどちらが下ですか？下と言ったらこちらが上、上としたらこちらが下ですね。一回転していまどれが下？数字が書いてあるので、そういう感覚が起きます。実際には1から12まで、どちらでもいいんですね。

人間というのは、物事の時間の流れは、数字の順番のように一つの線で流れていくのだと思っているんですね。

リニア（linear）ですね。直線的、一直線の物事が段階的に進行するというとらえ方なんです。そのようにみると、物事には前後があることは、さまざまな問題をひきおこします。

たとえば、米が「前」でご飯が「後」だとしましょう。「前」は食べられない。固くて美味しくない。だが、ある程度は長もちする。

「後」(ご飯)は柔らかい。美味しい。食べられる。だが、長もちしません。このような価値判断があらわれます。

病にかかったとしましょう。「前」は健康でよかった。「後」が病を得たわけだから悪いでしょう。

物事は一つの線で流れる現象だと思うと、良し悪し、価値のあるなし、苦楽、愉しみ落ち込みなどの価値があらわれてくるのです。希望・願望も、成功・失望も、期待通り・期待外れも起こるのです。

物事には前も後もなく、因縁によって完全に成り立っているのだと理解することができれば、現象にひっかかって困ることもなくなるでしょう。

対象の評価から見てみる

これを視点を変えて、「対象の評価」から見てみましょう。

薪を評価するか、火を評価するか、灰を評価するか。それで希望と喜びと、落ち込み・苦しみが起きていくのがわかると思います。

たとえば、冬だったら、火が燃えているときは暖《だん》が取れるのでありがたい。そうすると、薪は期待と喜びで、燃えたあとの灰はもう要らない。無価値で邪魔なものということになります。薪ストーブの灰の掃除は手間がかかります。捨て場所にも困ります。

ところが畑で野菜をつくろうとしたら、灰があったほうがいいんですね。灰は酸性土壌を中和させるはたらきがあります。野菜の生育にはそれがいいんですね。

たとえば野菜をつくるために土に灰を撒こうという人は、薪を見つけたときは期待します。それに火をつけて燃やして、灰ができるのを待つ。その間は「まだか、まだか」

という苦しみといえましょう。そして、灰になったら喜びます。希望と喜びと、落ち込み・苦しみ。順番がちょっと変わりましたが……。

またある人が、疲れたので休みたい。腰を掛けたい。「ああ薪がある。その上に座って休憩したい」。けれども、薪が燃やされてしまうと、もう座れない。期待外れ。それは困る、苦しみになる。

直線的、一直線の物事が段階的に進行するというとらえ方だと、そうなってしまうのです。

ところが仏教の見方は違います。

「自己」をはなれて、現象だけを見ていると、そこに前後はないんです。

すべてが同じ価値なのです。

薪は薪でそれ自体に価値がある。灰は灰でそれ自体に価値がある。

薪は燃えて灰になる。それはたんなる現象です。物事のただの一時的な現象にすぎません。

その時その時に死ぬ

――薪と灰の話は、その後、「かのたき木、はいとなりぬるのち、さらにたき木とならざるがごとく、人のしぬるのち、さらに生《しょう》とならず」と続きますが、それについて教えてください。

生まれたということは、その瞬間から死に向かっているわけです。

生まれたときは、何も悩まなかったでしょう。生まれたら早く大きくなってほしい。早くハイハイしてほしい。立ち上がってほしい。歩いてほしい。早く「ママ」と言ってほしい。親ならばそういう思いは誰しももつことでしょう。しかし、それは言葉を変えれば、「早く老いてほしい」、もっというと「早く死んでほしい」と期待しているようなものです。

過去の自分が死んで、ハイハイできる人間が生まれたのです。

歩くのもたいへん。何をするにもたいへん。そんな楽ではない生命体が死んで、思い切り走り回れる生命体が現れた。そのようにみることができます。

田舎に移住したら、東京にいた時の自分は、いまではまるっきり違うでしょう。その人はもう死んでしまったんです。その時の見方も人に対応するあり方もみんな変わってしまったんです。その当時の自分は、まったくいまにはないんです。


生まれてやがて死ぬ、ということは成り立たないんです。

その時その時、生まれて死ぬんです。

瞬間瞬間、生まれて死ぬことは痛くも痒《かゆ》くもないんです。


どうして悩むんでしょうか。そういう観念があなたを悩ましているだけでしょう。あなたの妄想ストーリーがあなたを苦しませているだけでしょう。人間に限りない苦しみをつくっているのは人間の妄想なんですね。

蚊に刺されて痒くなった。それだけ。しかし、たった一匹の蚊が刺したことで、妄想が膨らんで大きな悩みの世界をつくることができます。

この蚊は病気を持っていた。「マラリアやらデング熱やら持っていたらどうしよう。血液の中で繁殖したらとても怖い。仕事ができなくなったらどうしよう。調べなくては」。お医者さんに頼んでこの蚊に刺された血液を採取して診てもらうことになります。そこまで怖くなってしまうでしょう。でも医者は調べて「陽性、陰性」それだけです。

面白いことに、私たちの妄想というのは、美しい世界をつくることよりも、ものすごく悩み苦しむ世界をつくるんです。

なぜ美しい世界をつくらないのかというと、それはバカバカしいことを知っているからですね。たとえば王子様が白馬に乗って、自分をお姫様として迎えに来てくれるとか、妄想するでしょうか。そんなことは、バカバカしい話だと思ってしまうでしょう。

映画をつくる人々は、エイリアン（地球外生物）が来て地球を支配したり、人間を攻撃するような妄想のホラー映画をつくりたがります。そういう妄想はするんです。エイリアンが来て、地球の問題を解決してあげて抜群に幸せにする映画は少ないのです。

時間に実体はない

——私たちは、やはり時間の軸で物事をとらえています。

この「いま」あるいは「現代」を、次の世代の人々は、「過去は」「昔は」というでしょう。また将来のことは、「この業界の未来」というふうに言うでしょう。するといまの状況は過去ですか、未来ですか、現在ですか。

「いま」と言った瞬間、過去になりますね。でも人の一生ぐらいの長い時間の尺度でみれば、「いま」は長いスパンと言えます。「いまの人間は、いまの時代は」とか言うでしょう。「現在は昔と違って」とか言うでしょう。子どもが大きくなったら、「昔はねえ」と言います。そんなものでしょう。

——仏教の眼で見たら、過去も現在も未来もないということですか。

仏教で見ると、物事には過去や未来のような前後はないのです。物事は瞬間瞬間変わっていく。たえず変わって変わっていく。変わる、変わる、変わる、変わる。

そこに間《あいだ》がない。

なので、**いま自分のやっていること、目の前にあるものだけにフォーカスする。**

そして、**それに対して価値判断を入れない**のです。

――価値判断を入れると、そのことで自分が束縛されることになりますね。

幸福になるか不幸になるか。それは、自分で決められることなのです。自分で判断しているのです。人生って幸福なのか、生きることは不幸で苦しいのか、それは自分自身が判断していることなのです。

それぞれ人は「死後はない」「来世がある。浄土や天国がある」などと思い込んでいます。それで安心しようとするんですね。

それで現在の生き方をきめています。

信仰者も信仰しない人も、そのことで、現在が縛り付けられています。それらの人に対して「死後はある」とか「死後はない」などと説得する必要はないんです。

「死後は永遠の天国がある」「最後の審判で裁きに遭う」と信じている人は、そのために頑張らなくてはと思います。

来世があるのかないのか、死後はあるのかないのか。そのことは、実証不可能なんです。

にもかかわらず、人は自分で勝手にラベルを貼って評価して、それに束縛されるんです。

無信仰の人にとっては、来世が保証されていませんから、日々、自分をチェックして生きなくてはいけない。この一日は、もう戻れませんし、毎日、明るく充実感があって、良い人間でいないと大失敗になるんです。だから日々、安心はないんです。大変なストレスがかかっています。

信仰している人は、「死後」や「来世」、あるいは「神さま」や「仏さま」があって安心だと思いこんでいます。そうすると、日々の自分をチェックしないかもしれません。

信仰のある人も、無信仰の人も、過去・現在・未来という時間の軸で人生をとらえているという点では同じです。

そして、そのような時間の軸で物事を見ないのが仏教の見方である。そのように道元禅師は言っているのです。

麻浴山宝徹《まよくざんほうてつ》禅師、あふぎをつかふちなみに、僧きたりてとふ、「風性常住《ふうしょうじょうじゅう》、無処不周《むしょふしゅう》なり、なにをもてかさらに和尚《おしょう》あふぎをつかふ」。師いわく、「なんぢただ風性常住を知れりとも、いまだところとしていたらずといふことなき道理をしらず」と。僧いわく、「いかならんかこれ無処不周底《むしょふしゅうてい》の道理」。ときに師、あふぎをつかふのみなり。僧、礼拝《らいはい》す。（『正法眼蔵』現成公案）

現代語訳：麻浴山宝徹禅師が扇《おうぎ》をつかっていた。弟子が来て禅師に問うた。「空気はどこにも存在している。行きわたらないことはない。なのに、どうして和尚は扇を使うのか」。「おまえは空気が常にあることは知っている。けれども、行き渡ってないところはない、ということを知らないんだな」と禅師は答える。「風というものは行き渡らないことはない、そもそも、それってどういうことなんでしょうか?」。すると、禅師はただ扇子をあおぐだけだった。弟子は師を礼拝した。

無常は本来の姿、これは隠れない。すべては無常

——ここに述べられている風と扇について教えてください。

それは、道元禅師が「すべての物事は仏性である」と語ったフレーズのなかにヒントがあります。

仏性とは形而上学的な単語なので、認識・経験の範囲に入らないのです。初期仏教では、一切の現象は無常であると説いています。

無常という単語は、形而上学的なものではなく、認識範囲に入る概念です。「仏性」という単語を「無常」に入れ替えれば、わかりやすくなると思います。ブッダは森羅万象、すべては無常と説いています。

一切は無常であるとわかったら、もう悟っていますよ。

すべて苦しみは終わっています。

問題は私たちには、一切が無常であることがわからないことでしょう。

しかし、私たちにとって「無常」ということは隠れていますか。

「一切無常」ということは隠れていますか。

「すべての現象は無常である」。そのことは、隠れていますか。

カップは無常であることが隠れていますか。

この紙は無常であることが隠れていますか。

隠れていませんね。

無常は本来の姿だから、これは隠れませんよ。隠すことはできません。

すべては無常です。なんであなたにはわからないのか。わかったら悟っていますよ、と。

それで、宝徹禅師は扇をあおいでみせたわけです。

なぜ扇をあおいだのか。
扇がないと、風があるということが実感としてわからないからなんです。
風があれば、どこにでも行きわたります。
こうやって扇げば、風だとわかるんです。
それは言葉を変えれば「修行しなさい」という意味なんです。

ポイント
○現象には前後があると思うと、希望と喜びと、落ち込み・苦しみが続く。
○「自己」をはなれて、現象だけを見ると、そこに前後はないことがわかる。
○物事は、瞬間瞬間変わっていく。変わる、変わる。そこに間《あいだ》がない。

9

一人ひとりの人生が禅

自我のはたらき

――道元禅師に、こういう言葉があります。

「もし覚知《かくち》にまじはるは証則《しょうそく》にあらず、証則には迷情《めいじょう》およばざるがゆえに」(もし知ることができれば、それは悟りの法ではない。悟りの法には、迷いの心が及ばないから)(『辦道話《べんどうわ》』)と。これについては、いかがでしょうか。

「やった」「得た」と言ったら、そこはもう自我のはたらきです。

「自分が」何かを「得た」わけでしょう。得たものは、外にあるんですよ。

イギリス国王のチャールズ三世が、母親のエリザベス女王が亡くなって、イギリス国王になった。なんと私と同い年です。戴冠式では高価な宝石のついた王冠を頭につけて、王笏《おうしゃく》を持ちました。

すると、みんなは「ゴッド・セイヴ・ザ・キング」と叫んで忠誠を誓っていましたね。でも、中身はただの七十五歳の老人でしょう。戴冠式をやって王になったから、聖なるパワーが出るかというと、そんなものはなにもないんです。

何かやったらどうなったか、何かを得たかということは時間の軸ですね。いつでも私たちは、**何かやって充実感を得たいという世界**で生きています。これがあったら安心する。こうしたらほっとする。だから頑張ろう。そういうことで完成した喜びを感じたいんですね。

でも、喜びはすぐに終わります。

みんなわかってないのは、仕事をやってる間、ずっと苦しんでいたのです。ずっと苦しんでいたからこそ、「やった!」という喜びになるんです。

「やった!」と思うためにも自我がいるんですよ。だから自我がある限り、苦楽はえんえんと続くんです。

悟った人は、「わたしは悟った」と言わない

空にゴロゴロと雷が鳴ると、稲妻《いなづま》が現れることを期待する。稲妻が見えたら「ああ、光った。見えた見えた」と喜ぶ。しかし、その瞬間に消えてしまうでしょう。稲妻はもうそこにはないのです。

「有《う》」を喜ぶ人は、すぐに「無《む》」に直面する。喜びは瞬間に消えます。

——私たちは「有」を認識しているんですね。というか、認識できるのは「有」でしかないように思います。

「有」を認識して、ある、ある、あると。そういう人々には、「悟り」という「得るもの」があるんです。だから頑張って「悟った、どうだ」と言いたくなってしまうんです。

修行中も「自分が悟ったらかっこいい。みんなに尊敬されて、聖者扱いされる」。そう

いう期待があるんです。悟ったら、みんなに優しい慈悲の心で、祝福してあげられる、と。

問題は、私たちの心が「有」でないと認識しないということにあります。

存在というものは、「有」でも「無」でもない。「波」でしょう。

けれども私たちは波の山のところ（有）だけを認識する。谷（無）は認識しないんです。

山（有）を認識しても谷（無）を認識しても正しくない。

波そのものを認識してほしいんです。

「万法に証せらるるなり」という「現成公案」巻のフレーズは、それを言っているんですね。森羅万象は「有る」でもなく「無い」でもなく、「波」であるという意味でしょう。

実際に悟った人は、「わたしは悟った」とは言わないんですよ。言えないんです。どんなふうに言っても、言葉では正しく表現することできないんですね。

それを表現しなくてはいけない状態になったのは、ブッダだけですよ。

ブッダは、「これを言わなければ、もう誰も教える人はいなくなってしまう」ということで、説法していったのです。

山僧叢林《さんぞうそうりん》を歴《へ》ること多からず。ただ是《こ》れ等閑《とうかん》に天童先師《てんどうせんし》に見《まみ》えて、当下《とうげ》に眼横鼻直《がんのうびちょく》なることを認得《にんとく》して人に瞞《まん》ぜられず。すなわち空手還郷《くうしゅげんきょう》す。ゆえに一毫《いちごう》も仏法無し。任運《にんうん》に且《しばら》く時を延《の》ぶ。朝朝《ちょうちょう》、日は東より出で、夜夜《やや》、月は西に沈む。雲収《くもおさまり》て山骨露《さんこつあらわ》れ、雨過ぎて四山《しざん》低《ひく》し。（卍山本『永平広録』）

現代語訳：私はそれほど多くの寺で修行をしてきたわけではない。ただ偶然にも師の天童如浄禅師に会うことができた。そこで眼は横、鼻は縦に付いているというごく当たり前のことを悟り、惑わされることがなくなった。そして何も持たず空手で帰ってきた。だから取り立てて仏法などというものは一毫（毛筋一本）も持っていない。日が東から昇り、月は夜西に沈む。雲が去れば山が姿を現し、雨が来れば山の木々は潤って低くたれる。ただその中で日々を過ごしているだけである。

「眼横鼻直」と「空手還郷」

――前にも触れましたが、道元禅師が中国に行ったのは、自分が修行した比叡山の「本覚思想《ほんがくしそう》」に引っかかったからでしょう。本覚思想というのは、「何もしなくても、もとより悟っている」という教えですからね。「もともと仏であるなら、どうして修行する必要があるのだろうか。それはおかしい」。そういう疑問を抱いていました。質問をしても、誰も納得のいく答えをもっていない。結局、日本の中では解決できない。

ならば、「中国で本当の仏法の先生に会いたい。正師に会いたい。本当の勉強がしたい」という気持ちが高まっていました。

自分なりに答えを求めて中国に渡るしかないだろうということになりました。

そこで、中国に渡り、さいわいにも如浄禅師という師に出会って「身心脱落」という体験をするわけです。わざわざ中国に行って、「何を学んだか」と聞かれたら「眼横鼻直《がんのうびちょく》」と言いました。目は横に鼻は縦に付いているというわけです。どの人も、そういうふうになっています。それは「あたりまえ」のことですね。

仏道とは、**あたりまえのことをあたりまえに行ずることだ**ということです。見事に言ったというほかにありません。本当にすごいジェネラル・プリンシパル（一般法則）ですよ。

――日本の文化というのは、海外から知識が入ってくることで形成されてきました。古くは、中国の遣唐使から。明治維新のときは、欧米から。敗戦後は、アメリカから。平安時代、最澄は、天台教学を持ちかえって日本天台宗をつくりました。空海は、密教を持ちかえって真言宗をつくりました。いろんな経典やら、曼荼羅やら宝具などを持ってきました。ところが、道元禅師は、経典なり、仏像など何も持ちかえりませんでした。

仏教の歴史では、アカデミックな学問僧のお坊さんと、修行するお坊さんと二種類いたんですね。アカデミックなお坊さんたちは、厖大な文献を通して学問を学びました。仏典にしても『華厳経《けごんきょう》』『法華経《ほけきょう》』『大日経《だいにちきょう》』とか、難解で不可思議なものも多いです。論書《ろんじょ》や注釈書、阿毘達磨《あびだつま》そして唯識論《ゆいしきろん》、論理学やら際限なくあります。しかし、学問僧と修行僧とでは、お互いになんのライバル意識もありません。

道元禅師は、そういったものをすべてなげうって修行しました。「あなたはいったい何を得たのか」と聞かれたときに、「空手還郷《くうしゅげんきょう》」といいます。手ぶらで帰ってきたんだ、空っぽだと道元禅師は言います。まさに「不立文字《ふりゅうもんじ》」です。

――日本仏教史で言うと、鎌倉時代に、法然上人、親鸞聖人、道元禅師、日蓮聖人など後世に影響を与えた祖師たちが、同時に現れるんですね。

日蓮聖人は、国家権力者に対して「正しい仏法（『法華経』）をもちなさい」と迫りますが、道元禅師は権力とは距離を置きました。師の如浄禅師は「国王・大臣に近づくな、政治、権力者に近づくな」と道元禅師に戒めました。

道元禅師は、北条時頼に説法する機会がありました。その際、幕府から寺への寄進の申し出があったのですが、それを断り、半年で永平寺に戻りました。

時頼は、道元禅師の弟子玄明が永平寺に戻る際に寄進状を持たせます。首座《しゅそ》を務めたとされる弟子の玄明が、鎌倉からの寄進状を預かったことを喜んでいるのを知った道元禅師は、玄明を永平寺から追放してしまいます。さらに、彼が坐禅をしていた僧堂の座位（牀《しょう》）までも捨てさせた。そういう言い伝えが残っています（『建撕記《けんぜいき》』）。

「権力に近づく」ということについて、絶対に反対するというよりも、道元禅師は別の道を歩んだと言えましょう。

亡くなった時も知り合いの家で、普通に死んでいくんです。道元禅師は真理を知りたいだけの人でした。だから、日本の歴史で唯一のお坊さんといえると思います。道を求め続けたほんとうに真面目なお坊さんであったと思います。

鎌倉時代の祖師たちの中で、私がお墓を見て、ありがたいと思ったのは道元禅師のお墓だけです。それは京都で瞑想会があったときのことです。休憩時間でちょっと散歩していたとき、道路のそばに道元禅師のお墓（道元禅師示寂《じじゃく》聖地の碑。京都市下京区）があったのです。そのとき、「ありがたいなあ」という気持ちがわきました。

――道元禅師には、宗派を興そうなんて気持ちはなかったんでしょうか。

まったくなかったことでしょう。如浄禅師は道元禅師に言いました。

「只深山幽谷に居して、一箇半箇《いっこはんこ》を接得《せっとく》して吾宗《わがしゅう》をして断絶に致（到）らしむることなかれ」

「一箇半箇」というのだから、一人でも半人でもいい。ほんとうに仏道を求める人だけに伝えなさい、と。

無常ならざるもの、仏性ならざるものはない

――「悉有仏性《しつうぶつしょう》」（ことごとく仏性あり）とは大乗『涅槃経《ねはんぎょう》』に書かれている言葉です。

それを道元禅師は「悉有が仏性である」と読み替えています。独特の読み方にしてしまいます。

存在するものすべてが仏性である、というわけですね。もともとの意味からは、離れますね。

「カップに仏性あり」ではないんですね。「カップが仏性」です。「テーブルが仏性」で

す。いたって簡単に道元禅師は答えを出しています。

すべては無常。無常ならざるものは何もない。
したがって、仏性ならざるものはない。

とてもシンプルに書いています。しかし、文章も美しくバランスをとることで、一般の人にはわけがわからないように書かれています。

このような文にしないと、鎌倉時代の旧仏教勢力が、黙っていなかったのかもしれません。

ただみんな「道元禅師は、何かわかっているみたいだ。でもその内容はわからない」という感じだったかもしれません。

何か過激で根源的なことを言ったと受け取られると、比叡山の僧兵達から攻撃を受けるかもしれません。何をされるかわからない。道元禅師は、実際に彼らによって禅堂を破壊されたりもしています。

ブッダが説いた源が脈打っている

――『正法眼蔵』には、「七覚支《しちかくし》」や「三十七品菩提分法《さんじゅうしちほんぼだいぶんぽう》」「菩提薩埵四摂法《ぼだいさったししょうぼう》」が出てくるのですが、これらは大乗経典にはあまり見られないものです。道元禅師は、南伝の経典にはアクセスできたのでしょうか。

大乗経典だと、修行法として「六波羅蜜《ろくはらみつ》」が出てきます。それに対して、道元禅師は「四摂法《ししょうぼう》」（布施《ふせ》、愛語《あいご》、利行《りぎょう》、同事《どうじ》）を語っています。それらはパーリ仏典に根拠があるものです。道元禅師はパーリ経典もないのに、ブッダが説いた源のコンセプトを見つけるんですね。不思議ですよ。

大乗仏教の文脈が主流を占める一切経の中から、道元禅師は「自己をならう」ことをどうやって発見したのか。

それは、普通のまじめな本物のお坊さんじゃないと発見できないんです。

「現成公案」を書いたときは、道元禅師はまだ阿含経典は読んでなかったのではないでしょうか。

テーラワーダ仏教の僧侶として道元禅師を見ると、仏道をしっかり歩んでいるえらい先輩のお坊さんとして見えるんですね。

一人ひとりの人生そのものが禅

――世界的にみると、禅は欧米に影響を与えています。とくにフランス人などは禅が好きですね。アメリカでも、アップル社を創業したスティーブ・ジョブズなど禅の影響があると言われています。

アメリカなどで、仏教として広まっているのは、テーラワーダ仏教と禅でしょう。そしてチベット仏教など。

アメリカ人はシンプルなものが好きなんですね。禅はマインドフルネスの源泉として影響を与えています。そして、禅の文化として、茶道とか華道とか精進料理とか、シンプルで深遠なものとして受け入れられているんですね。

――禅は、どういうふうにとらえられているんでしょうか。

簡単にいうとこういうことです。**すべては、自分でやらねばならないことではない。やらされているわけでもない。**この料理には、この固さのご飯。寿司を握る場合にはこんな感じとか。チャーハンはこれくらいのご飯。ちょっと固めにご飯を炊きましょうと。いろいろありますが、**その行為のみを、たんたんとしっかり行う。それだけ。それで終わり。**

一人ひとりの人生が禅なんです。
そこに自分はいない。他人もいない。
ただ単に現象が、そのままあらわれているだけ。
だから人生が全部、禅そのもの。

日常生活の中で自分を真剣に観察する

――「自己をならう」というのは、なかなか難しいことと思います。

「自己をならう」というのはそんなに難しいことではないんです。
単に自分のことなんです。
「A＋Bの答えは何か」という問題に対して、Aの値は何か、Bの値は何かと知らないとＣの値は出てきません。この三つの中で二つの値が示されなければなりません。

「Ａ＋Ｂが10。Ａが７だったらＢは３」と答えがわかります。

Ｂは４で、Ｃが16と知っていたらＡの値がわかるでしょう。

ＡＢＣのうち二つの値を知ったら、残り一つの値はわかるでしょう。

それを何も示さなくて「Ａ＋Ｂ＝Ｃである、ＢＣの値を求めなさい」という問題を出されたら、なにもわからないのです。

「仏道をならうというは、自己をならうなり」とは、等式で表せばＡ＝Ｂみたいなものなんです。

だからその値は知ってほしい。その値は「**自己という値**」なんです。

ブッダはそれをずっと教えていたんです。

しかし大乗仏教は、そのブッダを蹴っ飛ばして、未だにグルグルと同じところを回り続けています。

大乗の人たちにとって、機根の低い人に向けた教えと思っている「小乗仏教」において、悟った人はたくさん現れているんです。

――自己とは何かと調べることは、暮らしの中でできることなんでしょうか。

自己とは単純に自分自身なんですよ。朝、目覚めて、さっさと布団を畳んだり料理の支度をしたり、時計を見ながら子どもを起こしたり子どもを叱りながら「早く早く、準備しなさい。学校に遅れますよ」。そして夫に向かって「早く起きなさい。そろそろ会社に行く時間ですよ」と。

そして朝ごはんを食べてる間に、お母さんは子どもがちゃんとカバンの中に教科書を入れているかとかチェックして、服を見てちゃんとしているか、ボタンがついてるか見る。それが普通の日常でしょう。

自己をならうとは、それを行っている自分を真剣に観察することなんです。

日常生活を観る。それだけ。
自己はそれ以上ない。
そのようにわかると楽になるんです。

——そうすると、いま行っている行為そのものに徹する。それが、自己をならうことになるわけですね。

たとえば卵焼きをつくる。「うちの子は卵焼きが好きだから、きっと美味しいと言うだろうな。嬉しそうな顔をみたい」と思う。それは、自分の心で妄想するだけでしょう。すでにそれは、苦しい人生になってしまうんです。いくらでも尾ひれがついて妄想が起きるんです。そして、妄想が現実だと思ってしまいます。

これを食べたら元気になってすくすく成長して、きっといい子になる。やがていい人と結婚して子どもが生まれて……と、妄想というものは限りなく暴走していくんです。言ってみると、その瞬間に地獄をつくっているようなものなんです。

未来はいらないんです。
現在をしっかりつくってください。

いまの瞬間に卵焼きを作ったら卵は消えた。もう永久に卵はない。それに愛着をもっても意味がない。憎しみを持っても意味がない。ありがたがっても意味がない。

だから消えた。さっぱり消えた。

そのときの心も消えたのです。

卵焼きが現れたでしょう。食べたら消えた。永久的に消えた。いくら踏ん張ってもどんな神さまが来ても、過去は戻ることがない。

神が来てもヤハウェが来てもクリシュナが来ても、阿弥陀如来がきても、大日如来が来ても、もう過去は戻らないんです。

その過去に愛着を持つべきでしょうか。

それについて考えたり迷ったり悩むべきですか。

これを食べて元気になりなさいと言った瞬間、未来の妄想が出てきます。未来に対する期待が現れてしまうんです。

一つの現象は起きたときだけのことです。そこで終わるんです。
それは永久に消えるんです。
そして新しい現実が現れては消え、現れては消えていくんです。

店で服を買ったとたん自分のものです。もう店とは関係ない。自分が買う前には、店では誰でも買うことができたんです。自分がカードを出しただけで、もう買えるのです。その瞬間、他の人にはその服を持つ権利が消えた。戻せますか、戻せないでしょう。服を入れていたビニール袋を切ったら価値が減る。ラベルをとったら価値が減る。服を自分が着たら価値が減る。

現象というものは、その瞬間に限られている。
そこに解脱があるのです。自由がある。
そこにはマスターが消えて、奴隷じゃなくなるのです。
そこには自分も消えている。

――そこに自分も消えている。「自己をわするる」ということになりますね。


そうです。それが「自己をわするる」です。

「忘れる」とは、忘却ということではなくて、ロスト（lost）あるいはヴァニッシュ（vanish）です。

自己がなくなる。物や人が突然姿を消す、消える、存在しなくなるんです。同時に、森羅万象も消えてしまいますよ。

見事な順番で道元禅師は語ったんですよ。

しかし残念なことに、それをどう実践するかというところまで道元禅師は教えていないんです。

ただ物質が流れるだけ、そこに自分はいない

――「自己をならうこと」と「無常」との関係について教えてください。

では、もう一つの別のバージョンを言いましょう。「五蘊《ごうん》」という生命を構成する要素があります。色《しき》、受《じゅ》、想《そう》、行《ぎょう》、識《しき》の五つを言います。色は物質要素としての肉体。物質的な存在です。自分の肉体を調べると、筋肉はタンパク質でできていて、さらに、このタンパク質はアミノ酸からつくられています。だから、肉体そのものに自分がいるとはいえないでしょう。

そして「受」とは感じること。瞬間的に感じること。

「想」とは概念をつくる。

「行」とは衝動。衝動というのは瞬間瞬間に変わります。

それから「識」とは認識すること。

そのように成り立つ生命は、外の世界があると認識し始めます。その認識がはたらくチャンネルとして、眼《げん》・耳《に》・鼻《び》・舌《ぜっ》・身《しん》・意《い》という「六根《ろっこん》」があります。感覚から認識に至る主観の側の六つの器官、機能です。外からのデータを受け取る「根」です。

それがなかったら概念が生まれないでしょう。

自分とはそんなものです。

ただ物質と心が流れるだけでそこに自分はいない。自分の全部が無常の現象です。そういうふうに受け取ることができると、自分という特別の存在がある、という実感が消えるんです。

それが「自分をならう」こと。

それがブッダが教えた仏教なのです。

たいせつなことは、たった一つ。気づき

――道元禅師は、たとえば衣を着る時は、こうしてああしてと、歯を磨く時は、洗面は、トイレに入るときは、袈裟衣の縫い方、着方など細かい所作を決めています。それらをとても大切にしているんですね。

わたしはそれは些末《さまつ》なことではないかと思っています。そこには禅的な哲学はあっても、「自己をならう」ための本質があるようには思えません。些末な所作よりも、道元禅師においては自我が消えた、完全なる自由が現れてきたということがポイントです。

その方法というのは初期仏教が伝えたことと同じなんです。

それは何かというと、日常生活の中で、気づきを入れるのです。気づきを入れること

で、できるだけ妄想しないようにするのです。

顔を洗う時はそれだけをやる。起きます。歩きます。手の中に水が入ります。顔を洗います。顔を拭《ふ》きます。——というふうに、**一つ一つ動作するときには、気づきを入れて、妄想をブロックする**わけです。

——パーリ語経典には、『マハーサティパッターナ・スッタンタ』（大念処経《だいねんじょきょう》）というものがありますね。たとえば、呼吸に気づいていく実況修行があります。たとえば、「私は長く出息している」「私は長く入息している」と観察する。「全身を感受して出息しよう」「全身を感受して入息しよう」と修練します。「身行を安静にさせて出息しよう」「身行を安静にさせて入息しよう」と修練します。

いつも呼吸に気がついている。長く吸っていることに気がついている、長く吐いていることに気がついている。

自分の所作に対して、それを言葉にして妄想が入らないようにします。

いまの瞬間が次の瞬間の生き方に影響を与える

――たとえば呼吸に気づくことで、いまの瞬間をしっかりと生きることになるわけですね。

明日のこと、未来のこと、過去のことを考えると、悩み苦しみの世界に入ります。**一個一個の現象は、一回きりです。もはや永遠にあらわれない。二度と繰り返さないと理解する。**

いまの瞬間の生き方が次の瞬間の生き方に影響を与えます。次の瞬間がうまくいくように期待するならば、いまの瞬間をものの見事に生きてみることです。

この日常生活の動作の気づきに徹していけば、悩み苦しみが少なく自由に生きる人間になりますよ。

皿を洗っている瞬間はしっかりと皿を洗っている。歩いているときはしっかりと歩いている。お茶を飲むときはしっかりとお茶を飲んでいる。それだけ。そうすると次に何が起きても、次のことはそんなにハチャメチャにはならないんです。

何を食べるかというのは、たいしたことではありません。どんな仕事するかなど、どうってことはない。結婚するか離婚するか、なんでもいい。子どもを自分で育てるか、誰かに育ててもらうか、どちらでもいい。大げさな問題じゃないんです。日本にずっと住み続けるとか、外国に住むだとか、どうってことはないんですよ。

いまの瞬間をものの見事に生きていけば、いつだって安穏で自由で、明るく笑顔でいられるんです。

過去に悩まない。未来に期待しない。現在において現実に直面して、見事な勝負をすること。

それが仏道です。どんな人間にも必要なことですよ。宗教や信仰をもっていても、もっていなくてもどうでもいいのです。どんな宗派でもいいんです。仏教でもキリスト教でも別にいいんです。無宗教でもいいんです。

ポイント

○一人ひとりの人生が禅。そこに自分も他人もいない。ただ単に現象が、そのままあらわれているだけ。

○未来を妄想しないで、現在をしっかりつくる。現象というものは、その瞬間に限られている。そこに解脱がある。自由がある。

○ただ物質と心が流れるだけでそこに自分はいない。全部が無常の現象。自分という特別の存在がある、という実感が消える。それが「自分をならう」こと。

10

四摂法

一つには布施《ふせ》、二つには愛語《あいご》、三つには利行《りぎょう》、四つには同事《どうじ》。その布施といふは、不貪《ふとん》なり。不貪といふは、むさぼらざるなり。むさぼらずといふは、よのなかにいふ、へつらはざるなり。（『正法眼蔵』菩提薩埵四摂法）

現代語訳：一つには布施、二つには愛語、三つには利行、四つには同事。その布施（施し）とは不貪のことである。不貪とは貪らないこと。貪らないとは、世間で言われるところのへつらわないことである。

悟りに向かう四つの生き方

――道元禅師は、だれにでもできる四つの菩薩《ぼさつ》（悟りに向かって歩む者）の行為として「四摂法《ししょうぼう》」について述べています。「四摂法」とは、「布施《ふせ》、愛語《あいご》・利行《りぎょう》・同事《どうじ》」としていますが、説明をお願いします。

四摂法は、人と人との関わり合いの指針とも言えます。一つ一つ、説明しましょう。

――まず「布施とは貪らないこと」とあります。

施しとは物をあげることだと思ってしまうのですが、道元禅師の話ではそんな甘いものではないんです。

まず貪りのない心をつくる。そこからはじめなくてはいけない。それがスタート。朝も昼も夜も貪りのない心でいるんです。

宗教は布施、寄付を強要して信徒から搾取しようとするところがあります。宗教はマスターと奴隷の関係をつくります。いわば搾取して奴隷の能力を奪い取るだけの残酷なシステムなんです。

聖職者の着ている服がボロボロで、「私たちは食べるものも着るものもないんです。何か余ったものがあったら分けていただけませんか」という態度だったら、それは搾取じゃないでしょう。

ところがいまの宗教は、そうじゃないでしょう。

寄付を集めて宗教施設を豪華にしたりする。

「神が世界をつくった」と言われたからといって、神を信じる必要はないんです。私が神に頼んでつくってもらったのなら、何か報酬をあげなくてはいけない。ところが、わたしは神に何も頼んでないのです。神の独断で勝手につくったんでしょう。つくったのなら、当初からその寄付というプログラムをつくるべきなんです。

わたしたち上座仏教の国では、毎朝、乞食行《こつじきぎょう》としてお布施をいただく習慣があります。僧侶は毎朝、托鉢します。各家を訪ねて、一日ちょっとお腹に入るぐらいで十分な食を布施してもらいます。余ったものを、いただければいいんです。好き嫌いなど言いません。もらえなかったら帰るだけ。「どうしてお布施しないんですか」などと聞かないんです。

「布施とは不貪なり貪らざるなり」の実践なのです。

一人ひとり、人間は貪りでひどく困っているんです。みんなそのことに気がつかないのです。

カップが壊れたら悩むわ、服が汚れたら悩むわ、畑に虫が入ったら悩むわ。雨漏りしたら悩むわ、地震でちょっと傾いたら悩むわ、もう悩むことがたくさんありすぎるんです。いろんなことで悩むんです。

それは欲があるからです。貪りなのです。あれがほしい、これがほしいということでまた悩むんです。お金儲けしたい、もうちょっと給料を上げてほしい。ボーナスがもうすこしほしい。ほしい、ほしい、ほしいということです。

しかし、それは間違っているんですよ。真理から外れています。

まず、**この世の中で何一つ、自分のものにすることは不可能です**。自分のものにする権利がないんです。それでもやろうとすると、違法になる。法則違反で、成り立たない。不可能なことをやろうとしているのだから、うまくいかない。現実はそういう方向にならないんです。

たとえば自分は国家の一員です。国会議事堂は国の財産だとしたら、国民としての自分には使う権利があります。じゃあ、寝袋を持っていって、そこで寝たらどうなりますか。逮捕されて、留置所に入れられるかもしれません。

自分の肉体ですら自分のものではありません。自分以外のいのちをいただいてできたものなんです。チキンを食べてキャベツを食べてジャガイモを食べて、焼肉を食べて作った体でしょう。

人はこれも自分のものにしたい、あれも自分のものにしたいという心があるのです。

一言でいえば貪りです。貪りは人間の認識プログラムに入っているのです。

認識プログラムのバグ。その一つは貪り

いまの瞬間の心が次の瞬間の心をつくるのです。そうしたら、次の結果もわかっているでしょう。

いまの瞬間の心はどういうものかと確認できれば、次に現れる心を先に推測することができるのです。いまの心の流れが貪りに汚れているならば、次の流れはその結果を受けます。要するに、退化のほうへ進むのです。こうして人は退化して、不幸になるのです。

だから死後に地獄へ行くと脅されなくても、必然的にそのようになるのです。

すべては、自分の認識に問題があるということです。それはすなわち、貪りがあるというわけです。

「わたしのカップ」は成り立ちません。それは「カップ」でしょう。「私の」という形容詞はアウトです。

人々は世の中の現象に「わたしの」という形容詞を付けたくて仕方がないのです。わたしの家、わたしの財産、わたしの家族、わたしの地位、わたしの知識、わたしのアイデア、わたしの体、云々です。「わたしの」と言えるものが増えれば増えるほど、ありがたいと思っています。

事実は、「自分」というものはないのです。「自分の体」といっても、体は体の法則によって成り立って、流れて、変化してゆくのです。その法則によって、増えたり減ったり消えたりするのです。

自分がいないのに、「自分のもの」など成り立つはずがありません。

なに一つ自分のものにはならないという宇宙的な真理があるんです。にもかかわらず、わたしたちが自分のものにしようとするのは、心に、認識プログラムにバグ（欠陥）が入っているからです。プログラムミスです。

そのバグの一つは貪りです。そのバグを外す実践を「施し《ほどこ》」といいます。

パーリ語で「ダーナ」(dāna)と言います。貪りがある場合は、アーダーナ(ādāna)、取るということ。その反対の言葉はダーナなんです。

それがブッダの教えです。なぜお布施をするのかというと、これは貪り(ローバlobha)をなくすためなのです。

愛語《あいご》といふは、衆生《しゅじょう》をみるにまづ慈愛《じあい》の心をおこし、顧愛《こあい》の言語《ごんご》をほどこすなり。おほよそ暴悪《ぼうあく》の言語なきなり。世俗には安否《あんぴ》をとふ礼儀《れいぎ》あり、仏道には珍重《ちんちょう》のことばあり、不審《ふしん》の孝行《こうこう》あり。慈念衆生《じねんしゅじょう》、猶如赤子《ゆうにょしゃくし》のおもひをたくはへて言語するは愛語なり。（『正法眼蔵』菩提薩埵四摂法）

現代語訳：愛語とは、衆生を見る時にまず慈愛の心を起こし、愛顧の言葉をかける。およそ暴悪な言葉を口にしない。世俗には、相手の安否を尋ねる礼儀がある。仏道にも珍重（お体を大切に）の言葉や、不審（ご機嫌いかがですか）と相手を敬う挨拶がある。衆生に対して、赤子を慈しむような思いをこめて語ることが愛語である。

「愛語」とは、相手に受信されやすい言葉を伝える

――では「愛語」についてお願いします。

いくらお喋りでも二十四時間も喋れないでしょう。用事があるときだけ喋る。用事がなくて喋ることは仏教では不法なんです。悪業です。仏教徒は用事があるときだけ喋る。そして、喋るとき、愛語（慈愛のこもった言葉）を使うんです。

人はなんで喋るんでしょうか。相手に伝えたい。何か受けとってほしい、受信してほしいわけでしょう。だれも受信してくれなければ喋る必要はありません。

ただし、向こうの認識システムが受信できない場合があるんです。ファイヤーウォール（ネットワーク通信で、その通信をさせるかどうかを判断し許可、または拒否する仕組み）を入れてカットしてしまうこともあります。

だから喋るときは、愛語をもって喋ってください。**愛語をもってすれば、相手はちゃ**

んと受信します。

言語は心を伝える道具です。なので、「おまえは馬鹿だから」と言っても、それは愛語かもしれません。わたしは「一回しか言いません。覚えなかったらバカですよ」ということもあります。言葉の善悪ではないんです。それは心が決めるんですよ。

また、受け手側に言葉の理解がなければ伝わりません。下品で気持ち悪い言葉を私にぶつけても、わたしがその言葉を勉強していなければ、なにを言われてもわかりませんよ。

相手が素直に受信できるように調節する。相手の認識システムが混乱しないできちっと受け止められるよう配慮する。それが愛語です。パーリ語でペイヤワッジャ（peyya-vajja）と言います。

愚人《ぐにん》おもはくは、「利他をさきとせば、自《みずか》らが利《り》はぶかれぬべし」と。しかにはあらざるなり。利行は一法《いっぽう》なり、あまねく自他を利するなり。（『正法眼蔵』菩提薩埵四摂法）

現代語訳：愚かな人の思うには、「他者の利益《りやく》を優先すれば、自分の利益が減ってしまう」と。そうではない。利行は一つの法であり、広く自他を利益するものである。

「利行」とは、自他の区別のない生き方

――「利行」はいかがでしょうか。

「利行」とは、相手を利するだけではなく、自分も利することになると道元禅師は述べています。パーリ語では、アッタチャリヤー（attacariyā）といいます。

アッタというのは有意義な、チャリヤー（cariyā）というのは生き方です。

それは**自他を区別していないんです。有意義な生き方。役に立つ生き方。自分にも他人にも役に立つ生き方。向上する生き方。心が清らかになる生き方。煩悩がなくなっていく生き方**です。

自分は瞬間瞬間、ましな人間になっていきたいでしょう。日本の社会にしても、瞬間瞬間ましになっていけばいい。大人になると、肉体は日々、退化していきます。しかし、

心は進化していくことができます。それも瞬間瞬間にです。

心は死ぬ瞬間まで進化が可能です。しかし、体が衰えていくと心も大変です。処理能力が落ちますからね。肉体が元気なうちに「利行」はやっておいたほうがいいんです。

一人が得をすると一人が損をするという経済システムは、餓鬼と餓鬼の奪い合いのようなものです。強いもの、権力者だけが豊かになる。みんな豊かになることじゃない。それは経済として立派なものではありません。

だれだって生きられるのが本物の経済でしょう。

あげれば、こちらがなくなる。だれか得して誰か損するという不完全なあり方は、仏教ではないんです。


お布施というのは、ものをあげることじゃないんです。

あげればあげるほど、徳が高くなるんだったら、どこまであげればいいんでしょうか。

あげる額によって差別も出てきます。一千万円ある人と、一万円しかない人の差が出ます。

自分だけ進化してまわりのみんなが退化するとしたら、よくないですね。まわりは進化させたけれど、自分は退化したままというのは、みじめですね。

たとえば観音菩薩は、人の要求とか苦しみを条件なしで救ってあげましょうという慈悲の心をあらわしたものです。あなたはいい人だから幸福でありますように、あなたは悪い人だからダメという条件付きでは、慈悲じゃないでしょう。

慈悲の心は、相手がいい人か悪い人かは関係ない。

「みんなが幸せでありますように」ということです。観音菩薩とか弥勒菩薩とかは、人はだれでも解脱して幸せになってほしいという願いを偶像化・神話化したものなんですね。

同事といふは、不違《ふい》なり。自《じ》にも不違なり、他にも不違なり。たとへば、人間の如来《にょらい》は人間に同ぜるがごとし。人界《にんがい》に同ずるをもてしりぬ、同余《どうよ》界《かい》なるべし。同事をするとき、自《じ》他《た》一《いち》如《にょ》なり。（『正法眼蔵』菩提薩埵四摂法）

現代語訳：同事とは、違わないことである。自分にも違わず、他者にも違わない。たとえば、如来である釈尊は、世の人間と同化していたように。如来が、人間の世界に同化したことで知られることは、如来は他の世界にも同化したということである。同事を知る時、自他は一如である。

「同事」に達した人は自分がない

――最後に「同事」。これがもっとも難しいように思いますが、説明をお願いします。

「同事」とは、すべて自分と同じレベルであること。自他という気持ちがない。「同事」に達した人は、「自分」がありません。「自分」が消えてしまっています。

パーリ語で、サマーナッタター（samānattatā）といいます。「菩提薩埵四摂法」巻に出てくる四摂法の解釈は、パーリ仏教と同じことを語っているのです。

カップと水のたとえで説明しましょう。

カップの中に半分くらい水を入れて池に浮かばせる。

カップは池の上に浮いているでしょう。カップはある程度重いので、カップの水位が池の水位より低くなるのです。重いカップは自分です。自分という実感が強い場合は、他の生命より低い位置になります。

さらに自我を張る人がいるとしましょう。その場合、カップはさらに重くなります。池の中で前のカップよりも沈むのです。

そこで、より軽いカップにしてみましょう。とりあえず、紙コップだと思いましょう。自我意識が軽くなったという意味です。この場合は、紙コップの水と池の水がほぼ同じレベルになるのです。

でもまだ問題あるんですね。池の水とカップの中の水は別々に存在します。そこでカップを捨ててしまう。水は全く一体です。要するに、自我を捨てることです。

自分と他人はまったく同じ。分けることは不可能だということです。これができたらすごいです。並大抵の人間ではありません。

私たちの日常生活の悩みも、自分と他人がいるからでしょう。私たちにとっては目に見える生命すべてが自分とは違うものですね。たくさん生命がいるんです。

それでいろいろと苦労しなくてはならないわけです。だから勉強するのです。人との付き合い方、会社での人との対応の仕方。社会でどうやったらうまくやっていけるのか、と。国際的な人間になるにはどうしたらいいか。これはもう、きりがないんです。

カップそのものを捨ててしまえば（自我がなくなれば）すべての問題は解決するのです。それが「同事」ということです。

ポイント

○この世の中で何一つ、自分のものにすることは不可能。貪りをなくすために布施をする。

○愛語をもってすれば、相手はちゃんと受信する。

○利行とは、有意義な生き方。役に立つ生き方。自分にも他人にも役に立つ生き方。向上する生き方。心が清らかになる生き方。煩悩がなくなっていく生き方。

○「同事」とは、すべて自分と同じレベルであること。自他という気持ちがない。「同事」に達した人は、「自分」がない。「自分」が消えてしまっている。

11

而今の山水

而今《にこん》の山水《さんすい》は、古仏の道現成《どうげんじょう》なり。ともに法位《ほうい》に住《じゅう》して、究尽《ぐうじん》の功徳《くどく》を成《じょう》ぜり。空劫已前《くうごういぜん》の消息《しょうそく》なるがゆえに、而今の活計《かっけ》なり。朕兆未萌《ちんちょうみぼう》の自己なるがゆえに、現成の透脱《とうだつ》なり。山の諸功徳高広《しょくどくこうこう》なるをもて、乗雲《じょううん》の道徳、かならず山より通《つう》達《だつ》す。順風《じゅんぷう》の妙功《みょうく》、さだめて山より透脱するなり。（『正法眼蔵』**山水経《さんすいきょう》**）

現代語訳：いまの山水は、古の仏たちの悟りの言葉の現れである。古仏たちの悟りの言葉である山水も、そして自己も、ともに真実を示し、究め尽くされた功徳を完成させている。この山水のありようは天地開闢《てんちかいびゃく》以前からの姿であって、同時にいまの状況でもある。事物が発生する兆しが現れる以前の自己であるから、完成された功徳をすら通り抜けている。山が持つ功徳は高く広いため、雲に乗って運ばれてくる悟りの功徳は、必ず山を通して届けられ、風とともに運ばれてくる妙なる功徳も、決まって山から通り抜けてくる。

ずっと求道しつづけていくのか

――道元禅師は、「道は無窮《むぐう》なり。悟りてもなお行道《ぎょうどう》すべし」（『正法眼蔵随聞記』）と述べています。悟ったとしても、さらになお道を歩むのだ、と。

如浄禅師が言った「脱落、脱落」という境地は、道元禅師はついに亡くなるまで得ることはできなかったと思います。**「身心脱落」ということはあっても「脱落、脱落」というところには至っていませんでした。**

だから**「まだやることがあるんだ、進むべき道があるんだ」**という気持ちがつづいているんです。だからこそ、わたしは道元禅師はとてもありがたいお坊さんだと思います。ずっと求道しつづけているのです。

道元禅師には如浄禅師の言った「脱落、脱落」ということがわかりませんでした。

その課題を持ったまま日本に帰ってきたんです。そして、後でこうした「山水経」の巻などを書き、見事に解説していくわけです。

わたしは道元禅師の気持ちがとてもわかります。

修行はまだまだありますよと。


けれども、ブッダの境地から見たら、ちょっと違いますね。

ブッダは「八正道をちゃんと実践すれば道は完成する。やるべきことをやり終える」と説いています。

ブッダにおいては、「完成した、完了した、終わった」ということは明確なんです。

自己が消えたらそれで終了です。

自我が消えれば「自分がいる」という意識すらなくなるんです。

そうすると、やるべきことは終わっています。


——自分がいるという気持ちすらなくなったら、もはや修行など必要でしょうか。

そこは体験するしかないんです。

言葉にしたら何を言っても、まだ自分がいるんです。

仏弟子として見るならば、道元禅師のこの「まだやることがあるんだ、進むべき道があるんだ」という気持ちはよくわかります。仏弟子たる人がそう思うのは当たり前です。まだまだやることがいっぱいある。もっともっとやらなくてはいけない。

修行が続く、続く、続く。

道元禅師にはそういう自覚がありますよ。自分自身に対して戒めとして言ったのでしょう。

山水も我も、現れては消え、現れては消える

――『正法眼蔵』の「山水経」の巻には「而今《にこん》の山水《さんすい》は、古仏《こぶつ》の道現成《どうげんじょう》なり」とあります。山や川のせせらぎなどは、そのまま悟りの説法。悟りの立場から、川の流れの音を聞くと仏の説法のように聞える、ということですか。

言葉どおりに読めば、形而上学的《けいじじょうがくてき》な話としても、神秘的な話としても受け取ることが可能です。しかし道元禅師は、そのままの自然界の状況を語っているのです。

何を見ても、ブッダの語られた真理がありありと現れているだけです。要するに、**ブッダは絶えず説法し続けている**のです。

現象というものは、全部が波で、現れては消え現れては消えるんです。とらわれることは何一つない。

たとえば、我々は音を聞いているでしょう。空気の振動を通して、音という波が伝わります。聞く人も同じく波です。心と体のエネルギーが波打っているのです。そこに、「聞く人」という実体はない。あちらに波があって、こちらにも波があって、こちらは受ける。ただ、受ける、受ける。そのまま仏法なりということです。

波というのは、有と無ということでもあり、無常ということもできます。

波が一つぶつかったら、もう一つまた波が起きるでしょう。それが自分なんですよ。もともと自分というものがあるのではありません。音が耳に触れたとき自分が現れる。川が流れていて滝から水が落ちてくる。その音が耳に触れた瞬間に自分が現れるんです。

音は空気によって伝わるんですね。それが鼓膜《こまく》の振動として伝わる。

そこに新しい波が現れるんです。

ずーっと川のせせらぎの音が聞こえてゆく。あらたな自分が絶え間なく現れてくる。

それは瞬間瞬間の現象で、それは無常で実体がない。

執着に値しない。自分も同様に、現れては消える現れては消える。

そのことを発見するんです。


ブッダはこう言っています。

「たとえばバラモンよ、遠くへ流れる急流の、すべてを押し流す山中の川が逆流することは、瞬時も、少時も、寸時もなく、それはただ行き、ただ転じ、ただ流れる。まさにそのように、バラモンよ、山中の川にたとえられる人間たちの命はわずかで、短かく、軽く、苦が多く、悩みが多い。

善が考慮され、悟られ、なされるべきである。梵行《ぼんぎょう》が行じられるべきである。生まれた者に不死は存在しない」(『アングッタラニカーヤ』七集七十四「アラカ経」。「光明寺経蔵」サイトの日本語訳を参照し改訳)

因果律に従って、一つのものが消滅し、それが次のものの生起《せいき》を条件付けます。その過程で、変わらないものは何一つとしてない。そのなかで、持続的な「自己」、「個人」、あるいは「私」と呼べるようなものは存在しないのです。

道元禅師は山水に一体感を感じて、それを詠《うた》ったという可能性もありますね。だいたい『正法眼蔵』は詩文ですからね。

――道元禅師は、次のような歌も詠《よ》んでいます。

春は花夏ほととぎす秋は月　冬雪さえてすずしかりけり
峯の色谷のひびきもみなながら　我釈迦牟尼《わがしやかむに》の声と姿と

真理は隠れていないのです。自分を観察しても、森羅万象を観察してみても、そこにはありありとブッダの説かれた真理が現れています。

心は自我という暗闇に隠れているから、眼の前にある真理を発見できなくなっているだけです。無常は隠れてはいないのです。

ポイント

○道元禅師は「脱落、脱落」というところには至っていなかった。「まだやることがある、進むべき道がある」という気持ちを抱いていた。

○もともと自分というものがあるわけではない。たとえば、音が耳に触れた瞬間に自分が現れる。

○真理は決して隠れてはいない。森羅万象には、ありありとブッダの説かれた真理が現れている。

おわりに

一切の現象は無常・苦・無我です。

現象は瞬間しか成り立たないのです。ですから、無常と言います。

無常の流れのなかで、生命は生きようと努力しています。

不可能なことを可能にしようと努力することが、苦なのです。

瞬間に消える現象に実体が無いので、無我です。

一切の現象はありありと無常・苦・無我をあらわにしています。しかし、煩悩で眼を閉じている生命には、その真理が見えないのです。

「あなたは盲目ではない。

ただ眼を閉じているだけです。

眼を開けてください。

ありのままの世界が見えます。」

【著者略歴】

アルボムッレ・スマナサーラ（Alubomulle Sumanasara）

スリランカ上座仏教（テーラワーダ仏教）長老。一九四五年、スリランカに生まれる。十三歳で出家する。スリランカの国立ケラニア大学で仏教哲学の教鞭を執ったのち、一九八〇年に派遣されて来日する。現在は、宗教法人日本テーラワーダ仏教協会などで初期仏教の伝道やヴィパッサナー（瞑想）実践の指導等に従事するとともに、朝日カルチャーセンター講師等を務める。おもな著書に、『スッタニパータ「犀の経典」を読む』（サンガ新社）、『ブッダの瞑想レッスン』（国書刊行会）、『小さな「悟り」を積み重ねる』（集英社新書）、『ブッダの幸福論』（ちくまプリマー新書）、『原訳「法句経」一日一話』『原訳「法句経」一日一悟』『原訳「スッタ・ニパータ」蛇の章』（以上佼成出版社）などがある。

スマナサーラ長老が道元禅師を読む

2024年4月30日　初版第1刷発行

著　者　アルボムッレ・スマナサーラ
発行者　中沢純一
発行所　株式会社佼成出版社
〒166-8535　東京都杉並区和田2-7-1
電話　(03) 5385-2317（編集）
(03) 5385-2323（販売）
URL　https://kosei-shuppan.co.jp/

編集協力　いちりん堂（池谷　啓）
印刷所　小宮山印刷株式会社
製本所　株式会社若林製本工場

◎落丁本・乱丁本はお取り替えいたします。

ISBN978-4-333-02919-8　C0015　NDC184/192P/19cm